Bernard Jakoby

Auch Du
lebst ewig

Bernard Jakoby

Auch Du lebst ewig

*Die erstaunlichen
Ergebnisse der modernen
Sterbeforschung*

Vorwort von Elisabeth Kübler-Ross

Langen Müller

Besuchen Sie uns im Internet unter:
http://www.herbig.net

Gedruckt auf chlorfrei gebleichtem Papier

5. Auflage August 2002 – Sonderproduktion

© 2000 Langen Müller in der
F. A. Herbig Verlagsbuchhandlung GmbH, München
Alle Rechte vorbehalten
Schutzumschlaggestaltung: Wolfgang Heinzel
Umschlagmotiv: Photonica, Hamburg
Satz: Filmsatz Schröter GmbH, München
Gesetzt aus 10,9/13,43 Punkt Optima
Druck und Binden: Wiener Verlag, Himberg
Printed in Austria
ISBN 3-7844-2775-8

Inhalt

Vorwort
von Elisabeth Kübler-Ross 9

Einleitung 11

1. Kapitel
Sterben in der heutigen Gesellschaft 15

Das Fünf-Phasen-Modell nach Kübler-Ross *16* · Sterben im heutigen Krankenhaus *19* · Elisabeth Kübler-Ross und ihr eigener Sterbeprozeß *22* · Ein »Spiegel«-Interview mit Folgen *23* · Mein Tag mit Elisabeth Kübler-Ross *25* · Elisabeth und ihr Heiler *26* · Wiedergeburt *29* · Tod und Übergang *31* · Elisabeth und die anderen Sterbeforscher *32* · Schicksalsschläge *34*

2. Kapitel
Nahtoderfahrungen 37

Was ist eine Nahtoderfahrung? *38* · Die neun Merkmale der Nahtoderfahrung *40* · Nahtoderfahrung in Deutschland: Studie der Universität Koblenz *52* ·

Ergebnisse *52* · Mehr Höllenerfahrungen in Ostdeutschland *54* · Subjektive Höllenerfahrung *54* · Erklärung der Unterschiede *57* · Nahtoderfahrungen von Blinden: Geist-Sicht (Mindsight) *59* · Das Wesen der Nahtoderfahrung *63* · Erklärungsversuch der Wissenschaft *66* · Persönlichkeitsveränderung durch Nahtoderfahrung *68* · Orientierungslosigkeit *69* · Selbstfindung *70* · Heilung *72* · Auswirkungen *73* · Transformation *76* · Ultimative Nahtoderfahrung *78*

3. Kapitel
Sterbebettvisionen 85

Boten des Todes *86* · Paßwörter auf dem Sterbebett *89* · Wahrnehmungen sterbender Kinder *90*

4. Kapitel
Höllenerfahrung 93

Was ist eine Höllenerfahrung *94* · Begegnung mit der eigenen Angst *96* · Gedankenkonstrukte *98* · Die drei Kategorien der Höllenerfahrung *100* · Läuterung *104* · Ansichten fundamentalistischer Christen zur Höllenerfahrung *107*

5. Kapitel
Wiedererinnern 111

Keine Angst vor dem Tod *112* · Übergeordneter Sinnzusammenhang *113* · Begegnung mit der Angst *113* · Das Geheimnis des Todes *114*

6. Kapitel
Jenseitsvorstellungen der Weltreligionen 119

Das Bedürfnis des Menschen nach Sinndeutung *120* · Naturverbundene Religionen *122* · Hinduismus *125* · Buddhismus *127* · Die alten Ägypter *132* · Die alten Griechen und Römer *134* · Die alten Germanen *135* · Monotheistische Religionen *135* · Judentum *136* · Christentum *137* · Islam *139* · Fazit *140*

7. Kapitel
Wiederbegegnung mit Verstorbenen 141

Nachtodkontakte *142* · Gegenwartsempfinden *144* · Gehörwahrnehmungen *144* · Tröstliche Berührungen *145* · Duft der Erinnerung *145* · Visuelle Erscheinungen *146* · Blicke über die Grenze: Visionen *149* · Nachtodkontakte zwischen Wachen und Schlafen *152* · Kontakte im Schlaf *153* · Out-of-body-Kontakte *155* · Telefonische Nachtodkontakte *156* · Materie in Bewegung – physikalische Phänomene *156* · Nachtodkontakte ohne Kenntnis der Todesnachricht *158* · Schlußfolgerungen *160*

8. Kapitel
Reinkarnation 163

»Beweise« von Prof. Dr. Ian Stevenson *164* · Stevenson *165* · Entdeckungen von Helen Wambach *170* · Das Leben zwischen den Leben: Wiedererinnern *176* · Reinkarnation und Psychotherapie *182* · Hypnose und Regression *185* · Seelenverwandtschaften *186* · Nahtoderfahrung und Rückführung *194* · Ausblick *198*

Schlußbemerkung
*Die spirituelle Sprengkraft
des Wiedererinnerns* 201

Anhang 209

Begriffserläuterungen *210* · Anmerkungen *213* ·
Literatur *217* · Adressen, Telefonnummern, Infostellen *221* · Danksagung *224*

Vorwort

von Elisabeth Kübler-Ross

Dieses Buch vermittelt eine neue umfassende Sicht über den Tod und das Leben danach. Der Autor stellt nicht nur die Nahtoderfahrung dar, sondern auch bislang vernachlässigte Bereiche der Sterbeforschung.

Die Höllenerfahrung ist demnach nichts weiter als eine Begegnung mit der Angst, die sich nach ihrem Durchschreiten in eine Lichterfahrung auflöst. Sterbebettvisionen werden ebenso berücksichtigt, wie Kontakte mit Verstorbenen, die viel zahlreicher sind, als gemeinhin angenommen wird.

Interessant fand ich die Auseinandersetzung mit den Ergebnissen der Reinkarnationsforschung, wobei der Autor vor allem die Todeserlebnisse von Menschen, die in frühere Leben zurückgeführt wurden, mit den Nahtoderfahrungen vergleicht. Ein weiteres Kapitel befaßt sich mit den Jenseitsvorstellungen der Weltreligionen, in deren aller Zentrum bewußtseinserweiternde Erfahrungen stehen.

Zusammengehalten wird das überaus lesenswerte Buch durch den Begriff »Wiedererinnern«: Der Mensch ist mehr als sein Körper und sein Gehirn. Sein Bewußtsein existiert völlig unabhängig davon. Menschen mit Todeserlebnissen erfahren von einem höheren geistigen Sinnzusammenhang.

Ich selbst habe eine Nahtoderfahrung gemacht, und das war das Schönste, was ich je in meinem Leben erlebt habe. Der Tod ist nichts anderes als ein Übergang in eine andere Form des Seins. Auf uns wartet die größte bedingungslose Liebe, die man sich vorzustellen vermag.
»Auch Du lebst ewig!« wird Ihnen helfen, die Angst vor dem Tod zu verlieren. Das Buch hilft Ihnen in seiner Vielschichtigkeit, den Tod nicht als Auslöschung, sondern als neuen Anfang zu begreifen!
Im Sommer 1999 besuchte mich der Autor, und wir führten einen ganzen Tag lang sehr intensive Gespräche. Als ich dann im Herbst das überarbeitete Manuskript von »Auch Du lebst ewig!« gelesen habe, kann ich nur sagen: »Ein wunderbares Buch!«

Dr. Elisabeth Kübler-Ross

Einleitung

Ich möchte Sie zu einer Reise einladen, eine Reise, die Sie jenseits bekannter Gefilde führt und Ihnen eine ganz andere Wirklichkeit vermittelt.
Es handelt sich um die letzte Reise, die wir alle früher oder später antreten werden: Es ist der Übergang, den wir Tod nennen.
Die Zeit ist reif, den Menschen mitzuteilen, daß es den Tod, zumindest so, wie ihn sich die meisten vorstellen, nicht gibt. Der Tod ist nichts anderes als ein Übergang in eine andere Form des Seins.
Auf unserer Reise begegnen wir den beiden mutigen Pionieren der Sterbeforschung, Elisabeth Kübler-Ross und Raymond Moody. Dieses Buch weist über deren Ergebnisse hinaus, da die emsige Forschung der letzten 25 Jahre in der Gesamtschau betrachtet wird.
Es gibt heute Millionen von Menschen, welche die Schwelle zum Tod schon einmal überschritten haben. Diese Wissenden konnten einen Blick in eine ganz andere Wirklichkeit werfen. Die Nahtoderfahrung (kurz NTE genannt) wird überall auf der Welt untersucht, und die Wissenschaftler fanden ein zugrundeliegendes Muster, das all diese Erfahrungen umfaßt.
Neben den Nahtoderfahrungen werden auch die Visionen auf dem Sterbebett, Kontakte mit Verstorbenen und

viele Belege für die Wiedergeburt (Reinkarnation) untersucht.
Wußten Sie, daß
• Blinde während ihrer außerkörperlichen Erfahrung Personen und Gegenstände sehen und beschreiben konnten?
• sich Menschen während einer Nahtoderfahrung in Gedankenschnelle Tausende Kilometer entfernt vom Unfallort aufhielten und genau angeben konnten, was die Angehörigen gesagt und getan haben?
• die NTE Auslöser eines spirituellen Wiedererinnerns ist, das einen größeren geistigen Sinnzusammenhang aufleuchten läßt und die Betreffenden für immer verändert?
• Rückführungen in frühere Leben die Inhalte von Nahtoderfahrungen bestätigten?
• viele Kinder überall auf der Welt sich spontan an frühere Leben erinnern?
• Kontakte mit Verstorbenen weitaus häufiger auftreten als die NTE und ein riesiges Potential zur *Bewältigung* der Trauer aufweisen?
• bewußtseinserweiternde Erlebnisse überall auf der Welt historisch belegbar sind, zu allen Zeiten und allen großen Religionen zugrunde liegen?
• hinter all diesen Erfahrungen die Urkraft des Lichtes aufscheint, was wir als GOTT bezeichnen?
Sogar die Naturwissenschaftler haben heute herausgefunden, daß der Mensch über einen genetischen Code verfügt, der ein Sterbeprogramm beinhaltet, das von der Natur vorgesehen ist und den Menschen sicher von dieser Welt in die andere führt.
Immer verlieren die Menschen nach einer Nahtoderfahrung die Angst vor dem Tod. Sie haben nun die *Gewißheit*, daß sie ihn nicht mehr zu fürchten brauchen. Da das Erlebnis von Todesnähe nur wenige Minuten dauert, ist es um so erstaunlicher, daß fast alle, die eine solche Erfah-

rung gemacht haben, am Ende gestärkt, vertrauensvoll und voll Hoffnung daraus hervorgehen. Sie werden mit dem Kern der Quelle ihrer Existenz konfrontiert, dem Licht am Ende des Tunnels. Und dieses Licht ist reine, wahre, bedingungslose Liebe.

Dieses Buch will Hoffnung vermitteln jenseits der eingefahrenen Angst. Indem die wesentlichen Ergebnisse der Sterbeforschung vorgestellt werden, eröffnen sich völlig neue Perspektiven von Hoffnung und vor allem Sinn.

In diesem Zusammenhang dürfen natürlich unsere Sterbenden nicht vergessen werden:

Wenn wir unsere Angehörigen und Freunde nicht alleine lassen, können wir durch liebevolle Begleitung viel von dem hier vermittelten Wissen selbst erfahren und umsetzen.

Es ist an der Zeit, die Berührungsscheu vor dem Tod als unnötig loszulassen. Sterbende können hierfür unsere Lehrer sein, und wir selbst werden durch liebevolles Begleiten an den größeren geistigen Sinnzusammenhang wiedererinnert. Dadurch können wir unser eigenes Leben friedvoller, harmonischer und angstfreier gestalten.

1. Kapitel
Sterben in der heutigen Gesellschaft

In diesem Kapitel erfahren Sie

- wie die Sterbeforschung Mitte der sechziger Jahre entstand durch Elisabeth Kübler-Ross

- alles über die fünf Phasen, die ein Sterbender durchläuft: Vom Vernehmen einer tödlichen Diagnose bis hin zum Annehmenkönnen des Todes

- wie in den modernen Kliniken mit dem Sterben umgegangen wird

- was Elisabeth Kübler-Ross heute von Tod und Übergang denkt

Das Fünf-Phasen-Modell nach Kübler-Ross

Elisabeth Kübler-Ross war in den sechziger Jahren die Pionierin der Sterbeforschung: Sie öffnete die Türen für die heutige wissenschaftliche Auseinandersetzung mit Sterben und Tod. Als sie Mitte der sechziger Jahre ihren Professor in einer Vorlesung vertreten sollte, entschied sie sich spontan, über den Tod zu den jungen angehenden Medizinern zu sprechen.
Elisabeth ging in die Bibliothek und stellte fest, daß außer über medizinische und technische Anweisungen vor allem über die psychischen Bedürfnisse Sterbender nichts im Schrifttum zu finden war. Sie nahm Kontakt zu einer jungen leukämiekranken Frau auf und bat diese, in ihrer Veranstaltung über ihr Sterben zu sprechen. Diese Entscheidung, die unglaublich viel Mut und Offenheit erforderte, kann heute als die historische Geburtsstunde der Sterbeforschung angesehen werden. Mit dieser aufrührenden Vorlesung brach Elisabeth Kübler-Ross endgültig mit dem tabuisierten Thema Sterben, und es ist ihr zu verdanken, daß sich im Gefolge die Türen für eine wissenschaftliche Auseinandersetzung über Sterben, Tod und auch, was danach geschieht, zu öffnen begannen. Sie war die erste Ärztin, die die psychischen und menschlichen Bedürfnisse der Sterbenden in den Vordergrund rückte.
Elisabeth Kübler-Ross ließ sich durch die Kritik des medi-

zinischen Establishments nicht davon abhalten, ihren Weg aufrichtig und unbeirrbar weiterzuverfolgen. Sie gab ihre Stelle an der psychiatrischen Klinik auf und setzte sich fortan an die Betten von Tausenden von Sterbenden. Kübler-Ross beschrieb ihre Beobachtungen in dem Weltbestseller und heutigen Standardwerk »Interviews mit Sterbenden«. Das von ihr entwickelte »*Fünf-Phasen-Modell*«, das ein Sterbender durchläuft und das man auch auf alle sonstigen Verluste, die wir im Leben hinnehmen müssen, anwenden kann, beinhaltet die folgenden Punkte:

In der ersten Phase, nach Erhalt einer möglichen tödlichen Diagnose ist das *Nichtwahrhabenwollen* vorherrschend. Der Mensch fühlt sich auf sich selbst zurückgeworfen, er will der Wahrheit nicht ins Auge sehen, schon gar nicht seinem eigenen möglichen Tod. Nicht selten zieht er sich von seiner Umwelt zurück und fragt sich: Warum ich?

Die zweite Phase beinhaltet *Zorn, Wut, Aggression*. Der Patient fühlt sich ausgeschlossen vom Leben, die Illusion von Gesundheit und Wohlbefinden löst sich auf. Und doch will er beachtet werden, vom Pflegepersonal oder den Angehörigen, und die aus Ohnmacht und Verzweiflung aufgestaute Wut entlädt sich häufig an für die Außenwelt völlig unverständlichen Umständen oder Personen.

In der dritten Phase *verhandelt er mit sich und seinem Schicksal:* Der Sterbende hofft, noch einiges erreichen zu können, seine Lebensspanne erweitern zu können, um bestimmte Dinge noch zu erledigen.

Die letzten drei Phasen sind alle Strategien, die Krankheit irgendwie noch zu verleugnen. Wenn sich aber die Verleugnung nicht länger aufrechterhalten läßt und der Kranke schwächer und elender wird, neue Symptome und Eingriffe ihn quälen, stellt sich das Gefühl eines schrecklichen Verlustes ein, und er reagiert mit *Verzweiflung und Depression:* Er muß sich mit seinem endgültigen Abschied von dieser Welt auseinandersetzen.

Wichtig ist jetzt, den Patienten trauern zu lassen, ihm seinen Schmerz zuzugestehen, damit er sich mit seinem Schicksal abfinden kann.
Diese Phase erfordert hohe Sensibilität von den Angehörigen und sollte nicht mit oberflächlichem Zureden, wie schön die Blumen sind und das Wetter und er solle nicht traurig sein, zugedeckt werden.
Dies ist der Augenblick, wo der Kranke sich mitteilt, wenn die Umwelt offen ist für seine Belange und ihm zuhören kann: Der Sterbende weiß, daß er bald sterben wird und hat viel mitzuteilen, zu besprechen, anzuordnen.
Wer sich durch diese Phasen durcharbeitet und Zeit genug hat, seinem Ende entgegenzusehen, erreicht dann den Punkt, an dem er *seinen bevorstehenden Tod annehmen kann.*
Dieses Modell von Dr. Kübler-Ross wird natürlich nicht in der exakten Reihenfolge durchlaufen. Manche bleiben in der Phase des Nichtwahrhabenwollens verhaftet, andere in ohnmächtiger Wut und Depression. Letztlich erfordert die Annahme des eigenen Todes den Mut, ihm ins Auge zu sehen, sich mit ihm auseinanderzusetzen. Die heutige Gesellschaft mit ihren fadenscheinigen Versprechungen von ewigem Glück und Genuß, von Jugendwahn und Materialismus ermuntert nun nicht gerade dazu, sich frühzeitig mit Sterben und Tod zu beschäftigen.
Heute ist das Krankenhaus oder Pflegeheim zum zentralen Ort des Todes geworden: Über zwei Drittel (80 Prozent) aller Bewohner der BRD sterben hier. Die letzte Spanne des Lebens ist oft eine quälend lange – im Griff der Intensivmedizin.
Das bedeutet nichts anderes, als daß die Furcht vor dem Tod in der trügerischen Hoffnung auf medizinische Instanzen und Apparaturen, deren Technik unser Sterben und unseren Tod begleiten, begründet ist. Genau diese Tendenz des ausgehenden 20. Jahrhunderts zeigt sich dann auch im

Umgang der Medien mit dem Thema »Sterben und Tod«. Es wird suggeriert, daß wir vielleicht in wenigen Jahren ewig leben können oder zumindest die Altersspanne sich bis ins biblische Alter von 120–150 Jahren ausdehnen könnte. Durch entsprechende Genmanipulationen könnten wir sozusagen verjüngt werden und uns durch Hormone u. ä. wieder wie zwanzig fühlen. Man wird uns sagen, was wir zu tun und zu lassen haben, und der Tod wird sozusagen zum Betriebsunfall erklärt. Alte Frauen können wieder Kinder gebären, und das Klonen begünstigt die schon maschinell anmutende Nachproduktion diverser Berühmtheiten.

Sterben im heutigen Krankenhaus

Durch Beobachtungen, die Kübler-Ross an Sterbebetten gemacht hatte, die sie gehört oder gespürt hatte, kristallisierte sich Stück für Stück ein grundsätzliches Wissen heraus, mit dem sie dann an die Öffentlichkeit ging. Durch das Verschwinden der Sterbenden in anonyme Krankenhäuser, den Zerfall der Familien und den Trend zur Vereinzelung fehlte es den Menschen an Möglichkeiten, wie früher Sterbende bis zur Schwelle des Todes zu Hause zu begleiten.
Durch diese Tendenz verschwanden auch die Visionen, die vom Rand des Abgrundes über Generationen hinweg weitergegeben worden waren. Diese »Paßwörter« waren einfach verlorengegangen. Die letzten Worte fanden nicht mehr in vertrauter Umgebung statt. Ihre Weitergabe erfolgt am Schauplatz des Sterbens, doch der Mensch des 20. Jahrhunderts stirbt häufig inmitten technischer Apparaturen, vollen Krankenzimmern, auf der Intensivstation. Sterben hat sich in den Bereich der Medizin, der Wissenschaft verlagert, für die der Tod das Feindbild schlechthin ist.

Es fehlt an Begleitern bis zum Ufer des Überganges. Die Pfarrer in Krankenhäusern leisten nur noch psychologische Sozialarbeit. Von geistlicher Betreuung oder Begleitung kann da nur selten noch die Rede sein. Die Wissenschaft (Medizin) scheint die Funktion der Religion übernommen zu haben. Das führte dazu, daß eine direkte primäre Todeserfahrung heute nichts Alltägliches mehr ist. Das tatsächliche Sterben anderer Menschen wird dadurch immer schwerer auszuhalten, wodurch das Abschieben Sterbender in Pflegeheime und Krankenhäuser oder Hospize beschleunigt wird. Letztlich wird aber zu irgendeiner Zeit des Lebens Sterben und Tod direkt in den eigenen persönlichen Erfahrungsbereich eindringen.

Anders als im Fernsehen kann man es weder ausschalten, noch geht Sterben besonders schnell: Es ist ein oft langer, zäher Prozeß. Im hohen Alter nehmen chronische Krankheiten mit langwierigen Verläufen zu, so wie die immer häufiger werdenden Tumorleiden mit Schmerzen ansteigen. Krebs als Todesursache liegt heute bei circa 25 Prozent, was leider einen langen, oft schmerzvollen Sterbeprozeß nach sich zieht. Nur selten noch vollzieht sich das Sterben zu Hause.

Die moderne Klinik ist durch den Einfluß der Technik auf Krankheit, Sterben und Tod gekennzeichnet. Die rasanten diagnostischen und therapeutischen Fortschritte der vergangenen Jahrzehnte haben zweifellos vielen Kranken geholfen. Bis in die Mikrostrukturen menschlicher Zellen ist heute alles diagnostizierbar und vermeßbar. Die Intensivmedizin ermöglicht die Überbrückung des Ausfalls der Vitalfunktionen (Kreislauf, Atmung, Stoffwechsel, Wärmehaushalt). Das Krankenhaus als technischer Reparaturbetrieb!

Im Blickfeld steht also nicht der Mensch in seiner Gesamtheit, sondern Organe oder andere Teile seines Körpers. Der einzelne Patient wird auf die Funktion seiner Körperteile reduziert, die emotionale Dimension bleibt draußen. Als Preis dafür, daß einem vielleicht geholfen wird (oder auch nicht), steht aber letztlich der Mensch, der zum Objekt degradiert wird, nach dem Motto: Friß oder stirb! Er verliert sich in den voluminösen High-Tech-Röhren und wird zum Anhängsel der Infusionsschläuche und Überwachungssonden.

Das Krankenhaus ist zwar zum Ort des Sterbens geworden, indes hat man es dort versäumt, sich darauf einzustellen. Menschliche Bedürfnisse werden der technischen Funktionalität geopfert. Der Tod im Krankenhaus ist nicht mehr Anlaß für eine festgefügte Zeremonie, er ist zu einem technischen Problem geworden.

Der Tod ist aufgelöst in einzelne, dem Laien kaum verständliche Schritte und Stationen. Die Entscheidung über Leben und Tod hat sich nicht nur auf den Arzt verlagert, sondern ist abhängig von der Verfügbarkeit neuester medizinischer Technologie. Der natürliche Tod wird in Frage gestellt, er ist der Feind, der mit High-Tech-Medizin zu bekämpfen ist.

Mit dem Verschwinden des Sterbenden hinter die Kulissen eines anonymen Krankenhausbetriebes wird eine weitere Bestrebung der Moderne markiert: Die Gesellschaft selbst will sich der gefühlsmäßigen Belastung, der Widerwärtigkeit des Todeskampfes, der Präsenz des Todes mitten im Leben nicht länger aussetzen.

Das führt zu Mißständen an den Sterbebetten. Diese werfen kein gutes Licht auf uns, weil sie eine Realität darstellen, an die wir uns leider gewöhnt haben und die wir verdrängen. Auch wenn wir natürlich alle schon von Sterbeforschung gehört haben oder auch den Tod eines Angehörigen erlebt haben: »... dennoch scheint ein klares Bewußtsein des nahenden Endes eines Menschenlebens hier auf Erden für die meisten von uns, wenn sie dann in der konkreten Situation gefordert sind, gänzlich unerreichbar zu sein.«[1]

Im Grunde sind wir angesichts des Todes paralysiert und kämpfen dagegen an, solange es geht.
Die Schwerstkranken dürfen nicht sterben, sie müssen hierbehalten werden, weil wir von der Nichtexistenz der unsterblichen Seele, vom restlosen Aus nach dem Tod, zumindest unbewußt, überzeugt sind. Die medizinische Wissenschaft des ausgehenden zwanzigsten Jahrhunderts hat es verabsäumt, sich überhaupt noch Gedanken über eine höhere geistige Realität zu machen, und ist einem Machbarkeitswahn anheimgefallen, wobei der Tod als »verlorenes Spiel« gilt. In einer Zeit, die Leid und Tod zunehmend als sinnlose Beigaben der Schöpfung sieht, scheint jeder Fortschritt erlaubt zu sein, und alles am Menschen wird austauschbar wie in einer Maschine. Letztlich führt das dahin, daß nicht einmal in der Sterbestunde gestorben werden darf. Eine schwer krebskranke und austherapierte Frau, die ich begleitet habe, wurde von ihrem Mann noch in dem Augenblick des Todes geschüttelt mit der Bitte, ihn doch nicht alleine zu lassen.
Statt geistiger Begleitung erleben wir übertrieben körperliche Aufmerksamkeit. Es geht grundsätzlich darum, sich der geistigen Ebene des Todes wieder bewußt zu werden, denn nur sie ist die Realität des Sterbens.

Elisabeth Kübler-Ross und ihr eigener Sterbeprozeß

Elisabeth Kübler-Ross, die bekannteste Sterbeforscherin der Welt, ist heute 74 Jahre alt. Sie lebt in der Wüste von Arizona im Südwesten der USA. Kübler-Ross hat seit Anfang der neunziger Jahre insgesamt sechs Schlaganfälle erlitten.
Über einen Zeitraum von zwei Jahren hatte sie unerträgliche Schmerzen und war halbseitig gelähmt.

Im Oktober 1994 hatten Fanatiker ihr Haus in Virginia in Brand gesteckt, weil sie mit allen Mitteln verhindern wollten, daß sie dort ein Aids-Zentrum für kleine Kinder eröffnet. Elisabeth verlor ihr gesamtes Hab und Gut: Das einzige Manuskript ihrer Autobiographie, an der sie Jahre gearbeitet hatte, ihre gesamten Aufzeichnungen über ihre Forschungsarbeit, die vielen »Beweise« für ein Leben nach dem Tod, die sie sorgfältig über Jahrzehnte gesammelt hatte. Sie hatte buchstäblich nur noch die Kleider, die sie gerade am Leib trug.

Ein »Spiegel«-Interview mit Folgen

Im Oktober 1997 hatte Elisabeth Kübler-Ross dem »Spiegel« ein Interview gewährt. Der damalige Bericht über die Sterbeforscherin verursachte großes Aufsehen. Es schien, als würde Elisabeth Kübler-Ross angesichts ihres eigenen Todes ihre Thesen über Sterben, Tod und Leben danach widerrufen. Es wurde der Eindruck erweckt, daß ihr gesamtes Lebenswerk sinnlos gewesen sei. Originalzitat »Spiegel«:[2] »›Mein Tod wird für mich wie eine herzliche Umarmung sein‹, erklärt sie in ihrem, wie sie versichert, letzten Buch, sie werde ›frei wie ein schöner Schmetterling sein.‹ Das ist Kitsch, und vielleicht ist er Resultat jahrelanger Angstabwehr einer Ärztin, deren Patienten alle starben.«
Im gleichen Artikel beschreibt der »Spiegel« ihre Aussagen über den Tod als »süßliche Oberfläche«, die Wahrheit sei, bezogen auf Kübler-Ross, ausweglos und finster, »ihr Sterben ist ein langer Prozeß der körperlichen und seelischen Demontage. Nichts daran ist schön.« Die Autorin des Artikels, Marianne Wellershoff, kommt zu dem Schluß, daß das eigene Ende von Kübler-Ross ihre Grundaussagen – Keiner stirbt allein, jeder wird geliebt, und der Tod ist das schönste Erlebnis – »... als Verklärung entlarvt ist. Sie haßt

sich, und sie haßt den Prozeß der allmählichen Zerstörung.«

Diese und ähnliche infame und hämische Bemerkungen über den Sterbeprozeß von Kübler-Ross zeigen letztlich nur auf, daß der »Spiegel« offensichtlich nicht an der Wahrheit über Sterben und Tod interessiert ist, ja, im Grunde die gesamte Sterbeforschung der letzten 30 Jahre von der mittlerweile hunderttausendfach belegten Nahtoderfahrung über die Ergebnisse der Reinkarnationsforschung bis hin zu Nachtodkontakten schlicht und einfach ignoriert. Die zutiefst materialistische Auffassung entlarvt sich, daß der Mensch nur Produkt eines funktionierenden Gehirns ist, und dahinter nur das Nichts steht. Der Sterbeprozeß wird mit dem Tod verwechselt.

Millionen von Menschen auf der gesamten Welt haben Einblick in jenseitige Welten erhalten. Immer mehr wagen, heute offen darüber zu sprechen. Dadurch ist der Tod wieder ins öffentliche Bewußtsein gerückt, was der Pionierarbeit von Kübler-Ross zu verdanken ist. Vom »Spiegel« jedoch wurde das als »unwissenschaftliche spirituelle Spinnerei« abgetan. Im Grunde spiegelt sich die moderne Berührungsscheu mit Sterbenden wider, da nur das äußerlich Sichtbare wahrgenommen und als negativ empfunden wird. Die Welt erwartete nach dem Artikel den Tod der Sterbeforscherin.

Im Sommer 1998 gelang es Franz Alt, ein Gespräch mit Elisabeth Kübler-Ross zu führen und ein beeindruckendes Fernsehportrait daraus zu schaffen.

Wütend wird sie, als Franz Alt sie auf das »Spiegel«-Interview anspricht:

»Ich finde Fanatiker so unsympathisch wie den »Spiegel«. Es sind ›Superidioten‹, die nur das schreiben, was sie schreiben wollen, nicht aber was wirklich gesagt wurde.«[3]

Im Sommer 1999 reiste ich selbst zu Elisabeth Kübler-Ross.

Mein Tag mit Elisabeth Kübler-Ross

Am Montag, dem 5. Juli 1999, gegen 11 Uhr war es soweit: Ich nehme den Telefonhörer und wähle die Nummer von Elisabeth Kübler-Ross. Sie ist direkt am Telefon, und ich teile ihr mit, daß ich nun in Phoenix, Scottsdale sei, und wann ich sie denn besuchen könnte.
»Kommen Sie heute, wann immer Sie wollen. Die Tür ist offen.«
Also rufe ich mir ein Taxi, welches mich weit in die Wüste, wo Elisabeth heute lebt, bringen soll. Sie versucht mir zu erklären, wie ich sie finden kann, doch schon bald gebe ich auf. Ich schreibe die Telefonnummer auf einen Zettel und die mir bekannte Anschrift. Wenn es schwer zu finden sein sollte, kann der Taxifahrer sie anrufen. Der Taxifahrer kommt. Die Landschaft wird immer karger, immer wüstiger, eine unendliche, lange Straße. Der Fahrer telefoniert mit Elisabeth Kübler-Ross, um sich den Weg beschreiben zu lassen. Dann noch mal und noch mal. »Das ist die Gegend, wo die Reichen wohnen. Viele Film- und Fernsehstars und bekannte Sportler leben hier draußen«, erzählt er mir. Irgendwann, nach über 40 Minuten Fahrt, biegt er ab. Nun sind wir endgültig in der Wüste. Verstreut sind große Anwesen sichtbar. Der Fahrer ist irritiert, weiß nicht, wo er abbiegen soll. Ein viertes Mal ruft er Elisabeth an. Dabei befinden wir uns jetzt zehn Meter von ihrem Haus entfernt. Um die Ecke das Schild mit ihrem Namen »Elisabeth«. Vor ihrem Haus steht das fast schon legendäre Indianerzelt. Der Chauffeur hält, ich steige aus.
Ich gehe auf das Haus zu. Flacher Bau, als erstes sehe ich ein kleines Schwimmbecken, einen Taubenschlag daneben. Kakteen überall, Wüste, Hitze. Die Tür ist offen, ich trete ein. Man bittet mich, einen Moment zu warten, da Elisabeth gerade in ihren Sessel gebracht wird. Sie winkt mir zu, ich kann nun zu ihr kommen.

Elisabeth stößt Flüche aus gegen den Taxifahrer: »Viermal hat er mich genervt mit seinen Anrufen, so ein Idiot!«
Sie lächelt mich freundlich an. Wir beginnen zu reden, als ob wir uns schon ein Leben lang kennen. Sie sitzt in einem großen Lehnstuhl, erzählt von ihren Schlaganfällen. Den ersten hatte sie am Muttertag 1994. Der linke Arm war vollständig gelähmt, sie konnte nicht mehr laufen, hatte große Schmerzen. Ihr Sohn Kenneth fuhr sie ins Scottsdale Memorial Hospital, wo sie sich untersuchen ließ, aber sie weigerte sich, dort länger als 24 Stunden zu bleiben. Die Ärzte teilten ihr mit, daß sie den Arm nie wieder würde bewegen können, und laufen könne sie auch nie mehr. Sie würde für immer an den Rollstuhl gefesselt sein. Stolz zeigt sie mir den linken Arm, den sie nun doch wieder bewegen kann, dank Josef, einem wundervollen Heiler.

Elisabeth und ihr Heiler

Josef hatte von ihr in einem Magazin gelesen, kannte sie vorher überhaupt nicht. Er wußte nichts von Elisabeth Kübler-Ross und ihrer Arbeit mit Sterbenden. Eine innere Stimme sagte ihm, daß er sofort Kontakt mit ihr aufnehmen solle. Also schaute er ins hiesige Telefonbuch und rief sie an. Freimütig, wie Elisabeth nun einmal ist, sagte sie ihm, daß er gerne sofort kommen könne, daß sie ihn aber durchschauen würde, wenn er nicht in Ordnung sei.
»Ich rieche es«, sagt sie und rümpft die Nase, »wenn jemand stinkt.« Sie mustert mich und fügt hinzu: »Sie riechen überhaupt nicht!« Ich bin gerührt.
Josef erschien wenig später in ihrem Haus: Sie winkt ihn zu sich heran, fragt, ob er Angst vor ihr habe. Er besteht den Test. Er darf sie behandeln, und bald darauf kann Elisabeth ihren Arm wieder bewegen. Sie lädt ihre Ärztin zu sich ein, sie solle sich neben sie setzen, dann tritt Elisabeth die Ärz-

tin mit ihrem scheinbar gelähmten Bein ganz kräftig, um ihr zu demonstrieren, was für ein Wunder Josef mit ihr vollbracht hat.
Elisabeth Kübler-Ross gesteht mir, daß sie ihre Schlaganfälle verdient hätte: »Vierzig Jahre habe ich Menschen kostenlos behandelt und ihnen geholfen. Aber ich mußte lernen, daß man nicht mehr geben kann, als man annehmen kann. Ich mußte lernen anzunehmen und Geduld zu haben. Der Herr lehrt Geduld und Selbstliebe. Wenn ich es jetzt nicht lerne, müßte ich zurück auf diese Erde.«
Das will Elisabeth auf keinen Fall, da sie denkt, daß die Hölle hier auf Erden ist. Sie fürchtet ihren eigenen Tod überhaupt nicht, ja sie sehnt ihn geradezu herbei. »Wenn ich jetzt sterbe, gehe ich tanzen auf allen Planeten«, sagt sie. »Doch im Moment versuche ich noch, Geduld zu lernen. Und das ist bestimmt nicht leicht. Es ist wichtig, daß man vor dem Tod sich selbst und allen anderen, die einen beleidigt oder einem weh getan haben, vergibt. Man darf sich dabei selbst von der Vergebung nicht ausschließen. Es ist wichtig zu lernen, sich selbst zu vergeben. Schuldgefühle kommen niemandem zugute, sie sind eine völlig unnötige Energieverschwendung. Die Schuld ist dann aufgelöst, wenn man sich selbst vergeben kann.«
Ich lächele sie an und sage, daß ich nicht den Eindruck habe, daß sie so bald sterben wird. Sie klopft mir auf die Finger und antwortet, daß sie das nicht hören will. »Aber ich fürchte, Sie haben recht. Meine Zeit ist noch nicht gekommen.«
Trotz der vielen Handicaps, denen Elisabeth Kübler-Ross heute ausgesetzt ist, arbeitet sie wieder. Sie hat drei (!) neue Bücher vorbereitet, die in Deutschland veröffentlicht werden, unter anderem das Interview mit Trutz Hardo mit dem Titel »Warum wir hier sind«, das im Oktober 1999 erschienen ist.
Ich versichere ihr, daß ihre Bücher konstante Bestseller

sind. Neben den neuen Büchern hält sie gelegentlich wieder Vorträge, allerdings nur in ihrer Nähe. Elisabeth hat nicht vor, nach Europa zu kommen; wenigstens vorläufig nicht, da es viel zu anstrengend für sie ist, weil sie noch auf den Rollstuhl angewiesen ist. Außerdem hat sie der bekanntesten amerikanischen Fernsehmoderatorin, Ophra Winfrey, ein Interview gegeben. Die Aufnahmen dazu wurden in ihrem Haus gemacht.
Ich spreche sie auf das »Spiegel«-Interview an. Elisabeth wird unwirsch: »Das sind Idioten. Die schreiben nur das, was sie schreiben wollen, nicht aber, was ich wirklich gesagt habe. Franz Alt war gut, das war eine solide Arbeit.«
Viele Journalisten aus aller Welt versuchen, ein Interview mit ihr zu führen. Da sie aber die Absicht, die dahinter steht, »riecht«, wie sie sagt, läßt sie nur wenige zu sich kommen. Sie weiß, wann es richtig und gut ist. Elisabeth erzählt mir von einer Journalistin aus Deutschland, die sich am Telefon als Schweizerin ausgibt. Als die Frau von Elisabeth empfangen wird, erkennt sie sofort, daß diese niemals Schweizerin ist. Sie sagt es ihr auf den Kopf zu und fragt sie, warum sie so unehrlich ist. »Aber ich habe doch viele Jahre in der Schweiz verbracht!« – »Das mag sein, aber deswegen sind Sie doch keine Schweizerin!« Damit war die Journalistin entlassen. Elisabeth lehnt es strikt ab, daß Photos von ihr gemacht werden – obwohl sie noch immer gut aussieht. Sie kann das Blitzlicht nicht vertragen, bekommt davon epileptische Anfälle. Die besagte Journalistin hielt sich nicht an die Vorgaben und wagte es, beim Rauskomplimentiertwerden ein Photo von Elisabeth zu schießen. Anna, die treue Haushaltshilfe von Kübler-Ross, lief hinter ihr her, lenkte sie kurz ab – und man nahm den Film unbemerkt aus dem Apparat.
Mir wird Tee angeboten und »Polenta«, ein Maisgericht. Ich stochere darin rum, Elisabeth sagt: »Hier darf man

sagen, was man wirklich denkt!« Eine blonde Frau betritt das Zimmer, aus Kalifornien, die Mutter eines Patenkindes. Zwischendurch klingelt immer wieder das Telefon. Elisabeth erzählt, daß sie täglich zwei Gäste empfängt.

Wiedergeburt

»Wenn Sie noch Fragen haben, fragen Sie bitte.« – »Was müssen wir hier auf Erden lernen?« – »Wir sind hier, um Dinge zu lernen, die wir auf der anderen Seite nicht erfahren können. Wir sollen herausfinden, wie wir mit der Negativität umgehen können, mit abschreckender Politik, gemeinen Menschen, mit Verlusten und Schmerzen, mit Kriegen, Haß und Schrecken. Das alles dient dem einzigen Ziel, Liebe zu lernen und seelisch zu wachsen. Wir müssen begreifen, daß wir spirituelle Wesen sind, die in einem Körper stecken. Wir sind nicht von anderen Menschen getrennt und können in jedem Augenblick eine Einheit bilden. Wir müssen erkennen, daß wir für alles, was uns in diesem Leben widerfährt, die volle Verantwortung tragen: für jeden Gedanken, jedes Wort, jede Tat. Solange wir diese Lektionen nicht gelernt haben, kommen wir immer wieder auf die Erde zurück.«
»Was bedeutet die Wiedergeburt für Sie?« – »Wir werden solange wiedergeboren, bis wir unsere Lektionen gelernt haben. Ein jeder hat unterschiedliche Lektionen zu lernen. Niemand bekommt mehr Härten als das, was er aushalten kann. Jede Lebenssituation ist ›richtig‹ für unsere geistige Entwicklung, obwohl manche 80 Jahre alt werden, ohne irgendwas zu begreifen. Wir planen unsere Wiedergeburt in der geistigen Welt, aber die Erinnerung an frühere Leben wird ausgelöscht, weil wir sonst nicht lernen können.«

»Es gibt doch Kinder, die sich spontan an frühere Leben erinnern.« – »Ja, bei ihnen handelt es sich um alte Seelen. Die Kleinen wissen dann noch, wo sie herkommen und wer sie sind. Sobald sie jedoch mit den Eltern und dem Schulsystem infiziert werden, verlieren sich die Erinnerungen. Viele Eltern verspielen die Möglichkeit, von ihren Kindern zu lernen, da sie in ihren Mustern verhaftet bleiben.«
Für Elisabeth Kübler-Ross sind Kinder die besten Lehrer der Welt. Sie hat von ihren sterbenden Kindern mehr gelernt als von anderen Menschen und Büchern.
Spontan fällt mir ein, daß sich Elisabeth in einem ihrer letzten Bücher zur Abtreibung geäußert hat – für mich etwas verwirrend. So frage ich sie, was sie zum Thema Abtreibung zu sagen hat. »Jede Seele ist ein Teil von Gott. Als solche weiß sie, daß sie abgetrieben werden soll. Eine sich inkarnierende Seele kann selbst entscheiden, zu welchem Zeitpunkt sie in den Körper eintreten will. Deswegen gibt es Unterschiede, wann eine Seele in den Körper eintritt. Nur wenn die Mutter gesund ist und das Kind von ganzem Herzen wünscht, wird das Kind, d. h. die Seele früh in den Körper eintreten.«
Natürlich lehnt Elisabeth Kübler-Ross die heutige Abtreibungspraxis ab, so wie sie von vielen verantwortungslos mißbraucht wird. Aber sie macht mich in diesem Zusammenhang darauf aufmerksam, daß der Fötus versteht, was die Mutter denkt und sagt. »Er weiß, ob die Mutter ihn haßt oder liebt. Er bekommt genau mit, ob sie an Abtreibung denkt oder nicht. Für eine zu gebärende Seele ist es ausschlaggebend, ob sie gehaßt oder geliebt wird. Deswegen gibt es so viele aggressive Menschen und zerstörungswütige Kinder. Das Wichtigste, was Eltern ihren Kindern auf den Lebensweg mitgeben können, ist das sichere Gefühl, geliebt zu werden. Das ist das einzig Notwendige!«

Tod und Übergang

Ich frage Elisabeth zu Tod, Übergang und Jenseits. »Der Tod ist schöööön. Er ist das Schönste, was uns auf Erden passieren kann. Es ist wie Umziehen in ein schöneres Haus, in eine andere Form des Seins. Im Jenseits, im Leben nach dem Tod, ist unser Bewußtseinszustand ausschlaggebend.« Elisabeth hat selbst vor einigen Jahren eine Nahtoderfahrung gemacht, die sie auch mehrfach beschrieben hat.
»Es gibt kein Wort für das Gefühl, den Körper zu verlassen und für die bedingungslose Liebe, die man dort erfährt. Es gibt keine Begrenzung, keine Zeit, keine Ungeduld. Es ist die Urkraft oder GOTT, die hinter allem steht, und die viel größer ist als wir. Wir sind alle Kinder vom gleichen GOTT, völlig unabhängig von irgendwelchen von Menschen geschaffenen Religionen!
Da wir aus dem alleinigen Grund auf der Erde sind, um seelisch zu wachsen, darf das Leben nicht künstlich verlängert werden – aber auch nicht verkürzt werden. Es gibt einen ›richtigen‹ Moment beim Sterben, wo man den Körper verlassen kann und auch nicht wiederkehrt.«
Damit spricht sich die bekannteste Sterbeforscherin der Welt gegen aktive Sterbehilfe aus. Wenn dann der richtige Moment zum Übergang gekommen ist, darf es einem Sterbenden aber nicht unmöglich gemacht werden, zu gehen. Elisabeth Kübler-Ross spricht sich ebenso deutlich gegen eine übertriebene Lebenserhaltung aus, da sich in den vergangenen Jahren gezeigt hat, daß die moderne High-Tech-Medizin sehr wohl zu einen Fluch werden kann, und sich damit gegen den Menschen richtet.
Elisabeth Kübler-Ross steht mit ihrem Lebenswerk für ein menschenwürdiges Leben und Sterben: So ist es ihrer Initiative zu verdanken, daß in den Vereinigten Staaten mittlerweile über 2000 Hospize entstanden sind. Auch in Europa trug ihre Arbeit entscheidend zur Herausbildung

der Hospizbewegung bei. Der Konflikt zwischen Lebensverlängerung um jeden Preis und Lebensverkürzung im Sinne von aktiver Sterbehilfe kann nur dadurch gelöst werden, daß Sterbende liebevoll begleitet werden.
»Und was bedeutet es in diesem Zusammenhang, wenn kleine Kinder früh sterben müssen?«
»Wenn Kinder sehr früh sterben, ist das ein Geschenk für sie, denn sie haben ganz wenig zu lernen. Sicher ist es furchtbar für die Eltern, aber sie haben die Chance, dadurch zu wachsen an Mitgefühl und Liebe!«
Elisabeth erzählt von einer Frau aus Deutschland, die ihr Kind verloren hat. Sie ruft drei- bis viermal in der Woche an, um mit Elisabeth zu sprechen. »Aber ich liebe mein Kind doch so«, zitiert Kübler-Ross die Frau, »und ich antworte ihr dann, daß ich ihr das sehr wohl glaube, daß das Kind aber kein Besitz ist.«
»Das ist der Punkt«, antworte ich, »es geht immer darum, loslassen zu können.« Elisabeth nickt einverständig. »Die meisten Menschen begreifen das nicht. Wir sind hier, um geistig und seelisch zu wachsen, und wenn wir unsere Lektionen gelernt haben, dürfen wir nach Hause.«
»Dabei ist Selbstmord keine Lösung.« Sie hat darüber viel nachgedacht, als es ihr nach den Schlaganfällen so schlecht ging, und es gab Zeiten, wo sie einfach sterben wollte. »Aber dann müßte ich ja zurückkommen auf die Erde, und das will ich auf keinen Fall. Niemandem wird mehr zugemutet, als er tragen kann. Selbstmord ist nie eine Lösung!«

Elisabeth und die anderen Sterbeforscher

Als ich einen Tag später sie noch einmal anrief, um mich für diesen wunderschönen Tag zu bedanken, erzählte ich ihr, daß ich gerade »Lessons from the light« von George Anderson lese, einem der bekanntesten Medien der Welt.

Ich berichte ihr auch, daß sie an mehreren Stellen des Buches als »Mutter aller Sterbeforscher« erwähnt wird, und frage sie, ob es stimmt, daß er sie nach ihrem Schlaganfall beraten hat.
George Anderson schreibt, daß er vor ein paar Jahren eine Beratung für Dr. Elisabeth Kübler-Ross durchgeführt hat. Das war für ihn eine Ehre, weil sie so viele Menschen mit ihrer Arbeit berührt hat und so vielen geholfen hat, dem Tod ins Auge zu sehen. Er fühlte sich geschmeichelt, daß er nun ihr den Übergang ein wenig leichter machen dürfe. Während der Sitzung waren unglaublich viele Seelen im Jenseits, die Elisabeth willkommen heißen wollten. Sie sprachen von der wunderbaren Hilfe, die Kübler-Ross ihnen angedeihen ließ und daß sie sich dafür bedanken wollen.
Elisabeth wird unwirsch, als ich ihr davon berichte. »Ja«, sagt sie, »George Anderson ist bei mir gewesen. Aber ich hätte es besser gefunden, wenn er mich gefragt hätte, ob er das für sein Buch benutzen darf. Es ist wie immer: Die kommen hierher und benutzen dann meinen Namen.«
Übrigens legt sie keinen Wert darauf, von all den Verstorbenen begrüßt zu werden, denen sie geholfen hat. Noch während unserer Begegnung frage ich sie, welche der bekannten Sterbeforscher sie denn schätze? Kenneth Ring hält sie für gut, ehrlich und solide. Der beste Stellvertreter für sie ist heute der Kinderarzt Melvin Morse, bekannt durch seine beiden Bücher »Zum Licht« und »Verwandelt vom Licht«. Seine ursprüngliche Absicht war es, Elisabeth unmöglich zu machen. Morse konnte es nicht glauben, daß Nahtoderfahrungen realistisch sind. So entschloß er sich, hauptsächlich Kinder zu befragen, da sie unbeeinflußt vom Schrifttum sind. Die Offenheit und Ehrlichkeit kleiner Kinder, die von ihrer Begegnung mit dem Licht, mit Jesus oder Maria, mit GOTT berichten, haben ihn allerdings restlos von der Wirklichkeit der anderen Welt über-

zeugt. Melvin Morse war dann auch zu Beginn der neunziger Jahre der Forscher, welcher auf die Veränderungen, die Transformation von Menschen mit Nahtoderfahrungen hingewiesen hat. Elisabeth Kübler-Ross schätzt seine Arbeit sehr hoch. Von Raymond Moody dagegen ist sie aus persönlichen Gründen enttäuscht.
Ein heftiger Sturm ist aufgezogen. Elisabeth freut sich, weil der Regen dringend gebraucht wird. Sie liebt den Sturm. Langsam wird sie müde, und ich trinke eine letzte Tasse Kaffee. Elisabeth hat vor einer Woche mit dem Rauchen aufgehört. Dennoch erlaubt sie mir, in ihrer Gegenwart zu rauchen, und steckt sich dann selbst eine Zigarette an. Stolz sagt sie, daß sie nur fünf Zigaretten angeraucht habe in dieser höllischen Woche. Sie flucht darüber, aber aus gesundheitlichen Gründen darf sie nicht länger rauchen.

Schicksalsschläge

1994 haben christlich-protestantische Fanatiker ihre Farm »Healing waters« in Virginia angesteckt, nachdem bekanntgeworden war, daß sie sich um aidskranke Babys kümmern will.
»Ich frage mich, was christlich an diesen Menschen ist. Sie reden von christlich und sind gegen alles, was nicht in ihr Schema paßt. Aber der Brand war für mich ein Segen. Ich brauchte nichts einzupacken, obwohl es mir natürlich auch leid tat, weil alle Beweise, die ich über das Leben nach dem Tod gesammelt hatte, verbrannt sind. Aber es ging nicht mehr, weil diese protestantischen Fanatiker mir das Leben zur Hölle gemacht haben. Sie haben sogar meine Lamas erschossen! Und doch – zunächst wollte ich nicht aufgeben. Ich sagte zu meinem Sohn Kenneth, daß ich auf den Ruinen eine neue Farm errichten wolle.«
Aber soweit kam es nicht. Kenneth lud sie in ein Restau-

rant ein, wo sie aber nie ankamen. Er fuhr mit ihr direkt zum Flughafen, und Elisabeth wurde nach Phoenix verfrachtet, wo auch ihr Sohn lebt. Hier suchte sie sich ein Haus, aber die Einförmigkeit der meisten Häuser, die man ihr zeigte, stieß sie ab.
»Ich will nicht als Drilling sterben«, sagt sie. »Ich finde mein eigenes Haus.« Nach längerem Suchen entdeckt sie in der Wüste Arizonas, nahe den Indianerreservaten, ihr heutiges Domizil. Aber das Haus wird noch von einer älteren Dame bewohnt. Elisabeth spricht mit ihr.
»Ich will in vier Wochen einziehen. Ich zahle bar.« Die alte Dame läßt sich überreden, und da die Versicherung den Brandschaden bezahlt hat, zieht Elisabeth Kübler-Ross vier Wochen später tatsächlich in das Haus, das sie dann kaum noch verlassen würde, da sie kurz nach dem Umzug am Muttertag 1994 ihren ersten schweren Schlaganfall hatte.
Zum Schluß frage ich Elisabeth, was sie sich noch vom Leben wünscht und was das Wichtigste im Leben sei.
»Tanzen und im Garten arbeiten, das möchte ich noch gerne. Am wichtigsten aber ist Liebe. Die meisten Menschen wissen nicht, was bedingungslose Liebe ist. Ich habe das immer wieder gesagt. In Europa verstehen die meisten Menschen den Begriff ›bedingungslose Liebe‹ überhaupt nicht. Und wenn ich die Hospizbewegung in Europa betrachte, so finde ich es bedauernswert, daß die vielen Gruppen untereinander verfeindet sind und nur wegen Profit arbeiten, statt sich zusammenzuschließen und gemeinsam mehr Hospize aufzubauen. Es gibt zu wenige davon in Europa. Hier in Amerika haben wir über 2000. Und darauf bin ich stolz. Der Herr hat mir zwei Geschenke gemacht und das sind Anna und Josef. Wenn ich sterbe, gehe ich tanzen auf allen Planeten, und ich erwarte freudig all die, die mich ausgelacht haben. Das Wichtigste aber ist die Liebe.«

2. Kapitel
Nahtoderfahrungen

In diesem Kapitel erfahren Sie

- was eine Nahtoderfahrung ist und was geschieht, wenn wir sterben

- alles über die neun Merkmale einer Nahtoderfahrung

- daß Blindgeborene während einer NTE sehen konnten

- die Bedeutung von Nahtoderlebnissen für unser aller Leben

- warum sich wissenschaftliche Erklärungen der NTE als Sauerstoffmangel, Endorphinausschüttung oder Halluzinationen nicht länger halten lassen

- wesentliche Persönlichkeitsveränderungen nach einer NTE

Was ist eine Nahtoderfahrung?

Als 1975 die wissenschaftliche Erforschung der Nahtoderfahrung mit Raymond Moodys Buch »Leben nach dem Tod« einsetzte, war dies sozusagen eine Weltsensation. Moody hatte, ermuntert durch Elisabeth Kübler-Ross, die seine Arbeit von Anfang an unterstützte, 150 Fallbeipiele gesammelt mit Berichten von Menschen, die klinisch tot waren und dann aber ins Leben zurückgeholt wurden. Raymond Moody war der erste, der die Nahtoderfahrung klassifizierte und verschiedene Merkmale herausarbeitete, von denen noch zu sprechen sein wird. Aus seiner Pionierarbeit über Erlebnisse in Todesnähe entstand in den Jahren danach der groß angelegte Bereich der Thanatologie respektive der Nahtodforschung.
In Amerika formierte sich unter der Leitung von Kenneth Ring die IANDS (The International Association for Near-Death-Studies), die Internationale Vereinigung für Nahtodesforschungen. Seither sind Hunderttausende von Nahtoderfahrungen eingehend interkulturell erforscht worden. Die Liste der Publikationen ist heute unüberschaubar geworden.
Ein kurzes Wort zur Statistik und Verbreitung der Nahtoderfahrung: Neueste Gallup-Umfragen in Amerika belegen einen Gesamtanteil von 18 Millionen Menschen der nordamerikanischen Bevölkerung mit NTE. Für Gesamteuropa

kann Ähnliches zugrunde gelegt werden. Insgesamt kann von einem Gesamtvolumen von über 50 Millionen Menschen weltweit mit einer NTE ausgegangen werden.
Zur Einstimmung nun zwei typische Beispiele aus meiner eigenen Praxis:
Herbert (23) hatte mit sechzehn Jahren einen schweren Verkehrsunfall. Er wurde von einem Wagen erfaßt, der die Kontrolle über sich verloren hatte und in einen Graben geschleudert.
»Plötzlich sah ich von oben über der Unfallstelle die Sanitäter und Ärzte sowie die Schaulustigen. Man versuchte mich zu reanimieren. Ich sagte: ›Laßt mich in Ruhe. Mir geht es gut!‹ Aber ich faßte durch die Anwesenden durch und konnte mich ihnen nicht bemerkbar machen. In diesem Augenblick erkannte ich, daß ich mich außerhalb meines Körpers befand. Ich schaute noch eine Weile zu. Dann tauchte ich in eine Leere, ein absolutes Nichts. Ich sah nichts mehr. Plötzlich erschien ein grelles Licht, wie ich es nie zuvor in meinem Leben gesehen habe. Liebevolle Geistwesen umgaben mich, die mich in ein noch helleres Licht begleiteten. Die Umgebung des Lichts war voller Liebe, voller Zärtlichkeit, wie ich sie nie zuvor im Leben empfunden habe. Dann lief mein Leben wie ein Film vor mir ab. Ich wurde aufgefordert, mein Leben selbst zu beurteilen. Mir wurde mitgeteilt, daß ich noch nicht genug im Leben erreicht hätte, um an diesem Ort zu bleiben.
Ich wollte nicht zurück, ich wollte in dieser Harmonie und Liebe bleiben. Aber das Lichtwesen führte mich zu meinem Körper zurück, und ich erwachte im Krankenhaus aus längerem Koma.«
Siegfried (57) berichtete, daß er eines Nachts wach wurde mit schweren Herzrhythmusstörungen: »Mein Herz fing an, unregelmäßig zu schlagen. Ich bekam panische Angst. Das Herz schlug immer heftiger. Dann wurde es weniger. Es blieb stehen. In dem Moment öffnete sich der Körper

eine Handbreit über dem Herzen – ich trat bei vollem Bewußtsein aus dem Körper aus. Ich sah einen Tunnel, an dessen Ende ich zartgelbes helles Licht sah und ging hindurch:
Ich sehe eine einnehmende Licht- oder Energiespirale, umgeben von Partikelchen von Sternen. Ich erkenne: Dieses Licht ist Gott! In diesem Licht bin ich wie Glas. Kein Versteckspiel ist möglich. Jeder Gedanke, den ich schon als Kind hatte, wurde offenbar. Ich sah mein ganzes Leben: alle Gedanken, Taten, Worte mit all ihren Konsequenzen. Ich fühlte mich bloß – aber nicht verletzbar. Ich hatte ein Gefühl einer alles verstehenden, vergebenden Liebe. Ich wollte in dieses Licht gehen, fühlte mich glückselig. Die Gestalt erschien mir als das Maß aller Dinge. Ich bekam Zugang zum Wissen des Universums.
Kurz bevor ich in das Licht gehen wollte, schob sich meine verstorbene Mutter dazwischen. Jetzt erst wurde mir bewußt, daß ich tot bin. Meine Mutter teilte mir mit, daß meine Zeit noch nicht gekommen sei. Ich wollte nicht zurück, sondern ins Licht. Dann zeigte meine Mutter, die viel jünger aussah, mir eine Vision der Auswirkung meines Todes. Widerwillig entschloß ich mich, zurückzugehen. Ich kam in meinem Körper zu mir.«

Die neun Merkmale der Nahtoderfahrung

In der Forschung sind neun wesentliche Merkmale von Nahtoderfahrungen (NTEs) benannt. Diese Merkmale werden im folgenden jeweils mit einigen Beispielen illustriert:
1. *Das Gefühl, tot zu sein:* Eine 65jährige Hausfrau beschreibt das Gefühl als »ganz und vollständig ich selbst zu sein«.
Manchen wird erst angesichts des Lichts bewußt, daß sie

tot sind. Andere erkennen es daran, daß sie mit großem Erstaunen feststellen müssen, daß sie durch die Anwesenden hindurchgreifen, bzw. diese sie nicht bemerken.

2. *Frieden und Schmerzfreiheit:* Die Bande, die an die Welt binden, werden gekappt. Alle körperlichen Beschwerden und Schmerzen sind verschwunden. Blinde sind plötzlich sehend, und Rollstuhlfahrer oder Amputierte erfahren sich als heil und gesund. Wenn die Betreffenden später wieder in ihren Körper zurückkehren, sind die Schmerzen und sonstigen Behinderungen die gleichen wie vorher.

3. *Die außerkörperliche Erfahrung:* An dieser Stelle ein authentisches Erlebnis eines heute 74jährigen Mannes, der im Zweiten Weltkrieg als 20jähriger von einer Kugel getroffen wurde, die seine Schädeldecke auf der Mitte seines Kopfes zertrümmerte.

Sein Erlebnis enthält alle bisherigen genannten Komponenten einer NTE:

»Als das Blut in mein Gehirn sickerte, spürte ich, wie ich nach oben gezogen wurde. Ich befand mich außerhalb meines Körpers und sah mich selbst unter mir liegen. In diesem Moment dachte ich: ›Ich bin tot. So ist das also!‹ Ich hatte keine Schmerzen und fühlte mich sehr wohl. Ich sah die Kopfverletzung, wo mich die Kugel getroffen hatte, und meine Kameraden, die herbeieilten, um mir zu helfen. Dann befand ich mich plötzlich hinter der feindlichen Linie, und ich sah die Kanone, die mich getroffen hatte. Ich spürte, wie ich langsam aufstieg zu den Wolken über mir. Dann dachte ich an meine Mutter, an ihre Trauer und ihre Schmerzen und wie es ihr ergehen würde, wenn ich tot bin. Ich bekam Angst um sie und wußte, daß meine Zeit noch nicht gekommen ist. In dem Moment wurde ich in meinen Körper zurückgeschleudert und spürte unerträgliche Schmerzen. Ich fiel in Ohnmacht und wachte erst im Lazarett nach der Operation wieder auf.« Der Wissende schildert vor allem seine außerkörperliche Erfahrung. Es fehlen das Tunnelerlebnis und vor allem die Lichterfahrung. Dennoch kann er sich nach über 50 Jahren noch genauestens an seine außerkörperliche Erfahrung erinnern, als sei es gestern gewesen. Die außerkörperliche Erfahrung gehört zu den wesentlichsten und am meisten verifizierten Merkmalen der Nahtoderfahrung. Im Laufe der letzten 25 Jahre haben Forscher gerade diesen Bereich aufs genaueste untersucht. Da es in der Zeitlosigkeit der jenseitigen geistigen Welt auch keine Distanzen gibt, berichteten Sterbende nicht selten davon, daß sie Tausende von Kilometern entfernt sich bei ihren nächsten Angehörigen, d. h. bei denjenigen wiederfanden, mit denen sie ein enges Liebesband verbindet.

So ist mir eine Erfahrung von einem jungen Polizisten bekannt, der sich während seiner Bewußtlosigkeit im Schlafzimmer seiner Mutter wiederfand und sah, daß diese sich eine neue Kommode gekauft hatte, die er bei seinem letzten Besuch nicht gesehen hatte. Als er Monate später nach seiner Genesung seine Mutter besuchte, stellte er fest, daß da tatsächlich eine neue Kommode stand.

Derartige Beispiele finden sich in der Forschungsliteratur zur NTE zuhauf. Sie alle zeigen, daß die Beobachtungen, von denen die Wissenden berichten, niemals auf Halluzinationen, Endorphinausschüttungen oder Sauerstoffmangel im Gehirn zurückzuführen sind: Die realen außerkörperlichen Erlebnisse der eigentlich klinisch Toten, die im selben Moment an einer Unfallstelle, auf dem OP-Tisch oder auf einer Intensivstation liegen, schildern nicht selten Dinge, die sich viele Kilometer entfernt genau während dieses Zeitpunktes zutragen. Und genau das haben die Forscher später überprüft und nachgewiesen. Ein Mensch mit Sauerstoffmangel im Gehirn ist sicherlich nicht imstande, einen Turnschuh auf dem Dach des Krankenhauses zu erblicken, der dann auch nach seinen Angaben gefunden wurde.

Eines der verblüffendsten Beispiele schildert Elisabeth Kübler-Ross in ihrem Buch »Kinder und Tod«:
»›Ja, jetzt ist alles gut. Mami und Peter warten schon auf mich‹, sagte ein Junge. Mit einem zufriedenen, leisen Lächeln glitt er ins Koma zurück und vollzog dort den Übergang, den wir Tod nennen.
Ich wußte, daß seine Mutter am Unfallort gestorben war, aber Peter war nicht gestorben. Er war mit starken Verbrennungen in eine Spezialstation eines anderen Krankenhauses gebracht worden, weil das Auto Feuer fing, bevor man ihn aus dem Wrack befreien konnte.
Da ich bloß Daten sammelte, akzeptierte ich die Information des Jungen und beschloß, nach Peter zu sehen. Es war jedoch nicht nötig, denn gleich darauf erreichte mich ein Anruf von einer anderen Klinik, um mich zu informieren, daß Peter vor einigen Minuten gestorben war. In all den Jahren erwähnte jedes Kind, das davon sprach, daß jemand auf es wartete, eine Person, die ihm im Tod vorausgegangen war, und wenn es sich nur um wenige Minuten handelte.«[4]
Zunächst spüren die meisten, daß sie nach oben schweben und sich von ihrem Körper entfernen. Sie empfinden Frieden, Ruhe, Glück, Schmerzfreiheit u. ä. Sie wissen, daß sie ihren Körper verlassen haben.
»Der Körper dort unten war nur eine Hülle, die mit mir genauso viel zu tun hatte wie ein alter, mir durch das Tragen vertrauter Mantel. Mein wirkliches Ich, die Essenz meiner Person, der wichtige Teil von mir: meine Seele, mein Geist, meine Persönlichkeit – wie auch immer Sie es nennen möchten – befand sich unter der Zimmerdecke.«[5]
Die Betroffenen können von ihrem Aussichtspunkt aus auf ihren Körper hinabblicken. Sie sehen Dinge, die sie nicht wissen können, da sie die ganze Zeit über bewußtlos in ihrem Bett oder an einer Unfallstelle usw. waren. Oft werden ganze Gespräche wiedergegeben, und sie können sich

im außerkörperlichen Zustand an andere Orte begeben, egal wie weit diese entfernt sind. All diese Dinge und Erlebnisse sind heute hunderttausendfach verifiziert.

4. *Das Tunnelerlebnis:* Dieser Aspekt ist der bekannteste der Todesnäheerfahrung. Nicht jeder allerdings erlebt sie: Manche sprechen auch von Dunkelheit oder Leere und erkennen keinen Tunnel. In den meisten Fällen wird es als eine Art Übergang von dieser Welt ins Licht hinein beschrieben. Als Symbole für Tunnel können auch Straßen, Bergpässe, Brücken oder Flure angesehen werden.

»Dann sah ich einen Tunnel, dessen Eingang an der Schlafzimmerwand über dem Bett lag und der sich anscheinend unendlich weit ausdehnte. Es war so, als blickte man auf ein einzelnes Haar, das millionenfach vergrößert war – sehr grob, aber nicht rauh. Mir fällt nur noch ein anderer Vergleich dazu ein: Er sah wie der Schlauch eines Staubsaugers aus. Am Ende dieses Tunnels sah ich ein Licht, und ich spürte, daß es sehr weit von mir entfernt war. Es war sehr hell, doch es schmerzte nicht in den Augen. Am Anfang des Tunnelinneren erwartete mich meine Mum, die damals seit zwei Jahren tot war.«[6]

Ein anderer Patient beschreibt sein Tunnelerlebnis während einer Magenoperation: »Ich spürte, wie ich ohnmächtig wurde, doch dann erlangte ich das Bewußtsein wieder und befand mich in einem leuchtend grünen Tunnel. Eine Spirale führte zu einem sehr weit entfernten Licht. Ich bewegte mich auf dieses Licht zu, kann aber nicht sagen, auf welche Weise ich mich fortbewegte. Ich hatte nicht den Eindruck zu laufen. Ein Duft von Lilien erfüllte den Tunnel, aber nicht dieser schwere, süßliche Geruch, den Lilien manchmal haben. Dieser war zart und frisch, und die einzigen Worte, die mir dazu einfallen, sind ›nicht von dieser Welt‹. Danach befand ich mich wieder am Eingang des Tunnels und machte die gleiche Erfahrung noch einmal.«[7]

»Alles wurde schwarz, und ich fand mich in einem durchsichtigen Tunnel wieder. Durch die Wände des Tunnels konnte ich Sterne erkennen, obwohl an diesem Abend eigentlich keine Sterne am Himmel waren. Am Ende des Tunnels sah ich ein Licht.«[8]

»Ich trieb nach oben, völlig schwerelos, durch einen dunklen Tunnel mit kleinen goldnen Flecken an den Wänden.«[9]

Bemerkenswert ist die Charakterisierung des Tunnels als leuchtend, durchsichtig, dunkel mit kleinen goldenen Flecken. Vieles deutet darauf hin, daß der Tunnel ein Durchgang ist in eine Welt des Lichtes.

5. *Lichtgestalten:* Einige treffen schon im Tunnel verstorbene Verwandte oder Freunde, manchmal auch andere Lichtwesen, Engel. Sie sprechen mit diesen Wesen, wobei die Gespräche wortlos geführt werden. Von manchen Erlebenden wird auch beschrieben, daß sie Präsenzen oder Stimmen wahrgenommen haben, ohne jemanden zu sehen: »In meinem Zimmer schien kein Sauerstoff zu sein, und ich konnte nicht richtig atmen. Dann waren plötzlich alle Blumen und Früchte an meinem Bett und auch das Bett selbst von Licht umgeben, und ich fühlte mich unendlich glücklich. Ich habe schon immer daran geglaubt, einen Schutzengel zu haben – schon seitdem ich vier Jahre alt war. Nun spürte ich, wie er mich bei der Hand nahm, und wir schienen in die Höhe zu schießen, so als befänden wir uns in einem Aufzug, einem hellen Licht entgegen. Dort erwarteten mich Blumen, Bäume, herrliche Musik. Es gab dort all die wunderbaren Dinge, die es auch auf Erden gibt, nur tausendmal schöner. Ich sah Tanty, die älteste Schwester meiner Mutter, die ihre Arme nach mir ausstreckte. Sie lachte über meine Überraschung. Plötzlich wurde ich wieder in die Dunkelheit gezerrt und hörte, wie einer der Ärzte sagte: ›Gott sei Dank, wir haben sie wieder!‹«[10]

6. Das Lichterlebnis: Eine Vielzahl von Nahtodstudien haben aufgezeigt, daß die Begegnung mit dem Licht, welches als bedingungslose Liebe empfunden wird, das entscheidende Element der NTE ist und einen Menschen für immer verwandelt. Dieses Licht entstammt, den Forschern zufolge, aus einer Quelle außerhalb des Körpers.

Melvin Morse schreibt dazu in seinem Buch »Verwandelt vom Licht«: »Neurologen haben die Existenz besagter Schaltstellen der Mystik in unseren Schläfenlappen nachgewiesen. Mittels dieses neurologischen Mechanismus vermögen wir außerkörperliche Erfahrungen zu machen, weiße Gestalten zu sehen, von denen einige toten Verwandten von uns gleichen, himmlische Musik zu hören, einen dreidimensionalen Lebensfilm anzuschauen – also alle Elemente einer Nahtoderfahrung zu erleben außer einem – dem transformierenden Licht!

Das Lichterlebnis dagegen kann nicht künstlich in Gang gesetzt werden. Es wird erst im Augenblick des Todes ausgelöst oder bei manchen sehr speziellen spirituellen Visionen. Diese Vision des liebenden Lichts aber hat jene Persönlichkeitsveränderung zur Folge, die wir bei der in der Studie untersuchten Gruppe festgestellt haben. Die durchschlagendste und dauerhafteste Transformation war bei denjenigen zu beobachten, die das Licht gesehen hatten.«[11]

Die Schlußfolgerung aus dem oben Zitierten kann nur sein, daß das Licht außerkörperlichen Ursprungs ist. Dieses Licht ist es, was bei einem Menschen ein spirituelles Erwachen ermöglicht.

Nicht selten sind neben den Schilderungen einer Begegnung mit Gott oder Jesus auch der Zugang zu höherem Wissen.

Hier nun einige ausgewählte Beispiele aus der reichhaltigen Literatur: »Es war wie ein totales Eintauchen in Licht, Helligkeit, Wärme, Frieden, Sicherheit. Außerhalb meines Körpers spürte ich überhaupt nichts. Ich sah weder meinen

Körper noch sonst jemanden. Ich kam einfach nur plötzlich in dieses wunderbare helle Licht. Es ist schwierig zu beschreiben, eigentlich ist es unmöglich, es zu beschreiben. Nicht mit Worten. Es ist, als wäre man eins mit diesem Licht. Ich könnte sagen: ›Ich *war* Frieden, ich *war* Liebe. Ich *war* die Helligkeit, sie war ein Teil von mir ...‹ Man weiß es einfach. Man ist allwissend – und alles ist ein Teil von einem selbst – es ist – es ist so wunderbar. Wie die Ewigkeit. Als wäre ich schon immer dort gewesen, als würde ich immer dort sein, und als wäre mein Dasein auf der Erde nur ein kurzer Augenblick gewesen.«[12]

»Ich war mir meines früheren Lebens bewußt. Es war als wäre alles aufgezeichnet, als würde es wie ein Film vor mir ablaufen, und es herrschte die wärmste, die wunderbarste Liebe. Überall um mich herum Liebe ... Ich fühlte mich leicht – gut – glücklich – voller Freude – unbeschwert. Für immer – ewige Liebe. Zeit bedeutete nichts. Nur das Sein. Liebe. Reine Liebe. Liebe. Das Licht war gelb. Es war in allem und um alles herum und überall ... Es ist Gott, sichtbar gemacht. In allem und um alles herum und überall.«[13]

»Die zweite herrliche Erfahrung ist, daß einem plötzlich klar wird, daß man mit dem absoluten, allumfassenden Wissen in Verbindung steht. Es läßt sich schwer beschreiben. Man denkt eine Frage ... und weiß sofort die Antwort. So einfach ist das ... Es gab absolut kein Frage, die mir das Licht nicht beantwortet hätte. Der Eintritt in dieses Licht – die Atmosphäre, die Energie, diese totale reine Energie, das totale Wissen, diese vollkommene, reine Liebe – das *ist* das Leben nach dem Tod.«[14]

Menschen mit intensiven Nahtoderfahrungen sind mit der Existenz Gottes in Berührung gebracht worden. Sie wissen nun aus eigenem Erleben, daß GOTT existiert. Der Kontakt zu dieser Allmacht oder All-Liebe erfolgt durch den Tod. Es scheint fast so, als existiere die Gleichung: Tod gleich

GOTT gleich Liebe, und zwar unabhängig von der jeweiligen Religion des Wissenden. Frieden und Liebe ergreifen in einem dermaßen starken Ausmaß Besitz von der Person, daß sie selbst Teil des Lichts und Teil dieser Liebe wird. Das Licht dringt in das tiefste Innere des Betreffenden ein: Die eigene persönliche Existenz verschmilzt mit dem Göttlichen. Es handelt sich bei der Begegnung mit dem Licht um solch gewaltige Energiemengen, daß diese aufgenommene Energie im folgenden Leben weiter wirkt. Einiges deutet darauf hin, daß ein Mensch während der Lichterfahrung elektromagnetisch neu vernetzt wird.

Das könnte erklären, warum einige keine Uhren mehr tragen können, über paranormale Fähigkeiten verfügen u. ä. In jedem Fall bewirkt das Licht eine Veränderung des Erlebenden, sozusagen eine geistige Erneuerung. So ist die Nahtoderfahrung im wesentlichen ein geistiges Erlebnis, das spirituelles Erwachen und geistige Entwicklung hervorruft.

7. *Die Lebensrückschau:* Der Lebensfilm hat zwei Komponenten: Er kann neutral gesehen bzw. beobachtet werden als szenischer Ablauf von Bildern, der das Leben in seinen positiven und negativen Aspekten rückläufig erfaßt. Die Bilder sind meist farbig und laufen unkontrollierbar und schnell.

Das Lebenspanorama umfaßt die Zeit von der Gegenwart bis zur Geburt, wobei die Bilder nachweislich richtige photographische Erinnerungen beinhalten.

So kann der Betreffende mitunter Ereignisse aus seinem Leben als Säugling sehen, die er längst vergessen hatte bzw. gar nicht wissen konnte und die dann im nachherein von nahestehenden Verwandten bestätigt wurden.

Die zweite Form ist die Lebensrevision. Dabei ist nicht nur ein Film zu sehen, sondern es wird auch eine Bewertung vorgenommen. Der Betreffende muß sein Leben beurteilen und entscheiden, ob er gut oder schlecht gehandelt hat, wobei auch Gedanken, Worte und Taten kritisch reflektiert werden bzw. die Auswirkungen dieser Taten kritisch wiedererlebt werden müssen. Ein Teil der Menschen mit Nahtoderfahrung erlebt eine Art Lebenspanorama, wobei alle bedeutenden Ereignisse seines Lebens außerhalb der Zeit dreidimensional wie ein Film vor dem Betreffenden ablaufen. Unter der liebenden Aufsicht des Lichtwesens werden wir selbst zum eigenen Richter unseres Lebens. Letztlich ist die Aufgabe und der Sinn des Lebens, lieben zu lernen.

»… denn plötzlich zog mein Leben an mir vorbei – ich kann es nicht anders ausdrücken. Dabei war es nicht eigentlich mein Leben, was ich sah, es waren vielmehr die Gefühle – jedes einzelne Gefühl, das ich in meinem Leben je empfunden hatte und jetzt noch einmal spürte. Und mit meinen Augen sah ich, wie diese Emotionen mein Leben beeinflußt hatten. Womit ich in meinem Leben das Leben anderer Menschen beeinflußt hatte, und verglich es mit dem Gefühl reiner Liebe, die mich umgab. Und es war schrecklich, was ich getan hatte. Großer Gott! Das ist meine feste Überzeugung. Wissen Sie, ich habe schreckliche Dinge angerichtet, wenn ich es an *der* Liebe messe …«[15]

In der Gesamtschau des Lebens, das vor einem abläuft, werden wir befähigt zu verstehen, was im Leben wirklich zählt und wichtig ist.

Das Lichtwesen hilft dem Erfahrenden seine guten und schlechten Handlungen zu verstehen und dabei zu erkennen, welche Folgen die eigenen Handlungen, Gedanken und Worte auf andere haben.

Wir sehen also nicht nur unser eigenes Leben, sondern vor allem die Konsequenzen und Auswirkungen auf andere. Wir empfinden nun, was der andere gefühlt hat, als wir ihn verletzten.

Eine Hausfrau schilderte das folgendermaßen:

»Dieses Lichtwesen umfing mich und führte mir mein Leben vor Augen. Alles, was du tust, mußt du bewerten. So unangenehm es auch ist, sich manches daraus anzuschauen, so ist es doch ein gutes Gefühl, mal alles loszuwerden. Ich erinnere mich an einen speziellen Vorfall in dieser Rückschau, nämlich daß ich als Kind meiner kleinen Schwester das Osterkörbchen wegriß, weil ein Spielzeug drinlag, das ich selber wollte. Doch im Rückblick empfand ich ihr Gefühl der Enttäuschung, des Verlustes und der Ablehnung. Ich steckte jetzt in der Haut all derjenigen, denen ich weh getan hatte, und derjenigen, denen ich zu einem guten Gefühl verholfen hatte.«[16]

Noch ein letztes Beispiel, von Kenneth Ring beschrieben: »Man bekommt sein Leben vor Augen geführt und man urteilt selbst. Hatte man getan, was man hätte tun sollen? Man denkt: ›Oh, ja, ich habe jemandem, der kein Geld hatte, sechs Dollar geschenkt, das war toll von mir.‹ Aber so was ist ohne jede Bedeutung. Von Belang sind die kleinen Dinge – ein Kind getröstet zu haben, das sich weh getan hat, oder mit einem einsamen alten Menschen freundlich geplaudert zu haben. Das sind die wichtigen Dinge ... Man urteilt über sich selbst. Es sind einem alle Sünden vergeben worden, aber kann man sich selbst verzeihen, daß man etwas, das man hätte tun sollen, nicht getan hat, und daß man manchmal kleine Gemeinheiten begangen hat? Kann man sich vergeben? Du selbst sprichst dein Urteil.«[17]

8. Die widerwillige Rückkehr: Menschen, die eine intensive Nahtoderfahrung gemacht haben, die das Licht gesehen haben und emotionale Ekstase gespürt haben, kehren höchst ungern in die diesseitige irdische Welt zurück. Sie möchten in diesem Zustand der Seligkeit verbleiben. Da Nahtoderfahrungen unterschiedlich intensiv sind und mitunter auch in jenseitige Welten führen, gibt es bei diesen Wissenden scheinbar eine Grenze, die sie nicht überschreiten dürfen. Sie können nicht frei entscheiden, ob sie dableiben wollen oder nicht. In dem Moment, wo man in den Körper zurückgezogen wird, fühlt man emotional den Verlust des Paradieses. Man kehrt zurück, hat wieder die physischen Schmerzen, fühlt sich wie eingesperrt in der Welt von Zeit und Raum mit all den Einschränkungen.

»Und dann bekam ich Angst – eine schreckliche, unbeschreibliche Angst, wie ich sie wohl noch nie in meinem Leben empfunden habe. Mir war klargeworden, daß ich wieder auf diese Erde zurückmußte. So gelitten habe ich noch nie – weder davor noch danach.

Es war so entsetzlich, daß ich mir nichts Schlimmeres vorstellen kann. Ich wollte nicht zurück ... Die Erde ist ein wunderbarer Ort zum Leben, wenn man nichts anderes kennt. Aber ich kenne etwas anderes ...«[18]

Es wird aber auch berichtet, daß man die Wahl hat – in einigen Fällen – dort zu bleiben oder nicht. Viele besinnen sich dann auf ihre lebenden Angehörigen, ihre Ehemänner, Ehefrauen, Kinder, Eltern oder Freunde. Sie erkennen intuitiv, daß ihr Leben noch nicht vollendet ist und sie wohl noch eine Aufgabe zu erfüllen haben.

»Es war eine wunderbare Erfahrung, aber plötzlich kam mir, daß ich dabei war, diese Welt zu verlassen, daß ich am Sterben war. Doch das wollte ich nicht. Ich hatte ja zwei Kinder und wußte nicht, was mit ihnen werden würde, wenn ich nicht mehr bei ihnen war. Als ob er meine Gedanken lesen könnte, lachte der Mann neben mir und sagte: ›Du stirbst schon nicht. Du hast noch nicht erledigt, was es für dich zu erledigen gibt.‹ Etwas zog mich in den Weg zurück, den wir gekommen waren. Dann war ich wieder bei Bewußtsein.«[19]

Einiges deutet daraufhin, daß nur dann eine wirklich freie Wahl dort zu bleiben oder nicht besteht, wenn die Aufgabe auf Erden weitgehend erfüllt ist.

9. *Die Persönlichkeitsveränderung:* Die meisten Men-

schen mit einer Nahtoderfahrung verändern sich danach gravierend. Diesen Fakt haben Melvin Morse und Paul Perry in einer wissenschaftlichen Transformationsstudie unterstrichen. Dieses soll später noch eingehender durchleuchtet werden.

Nahtoderfahrung in Deutschland: Studie der Universität Koblenz

Hubert Knoblauch führte in Verbindung mit dem Institut für Grenzgebiete der Psychologie in Freiburg an der Universität Koblenz ein mehrjähriges Forschungsprojekt über die Struktur und Verbreitung von Todesnäheerfahrungen durch. Zum ersten Mal kommen hier Betroffene aus dem deutschsprachigen Raum zu Wort. Seine »Berichte aus dem Jenseits – Mythos und Realität der Nahtoderfahrung« erschien Anfang September 1999. Die Umfrage betraf nun nicht spezifisch Menschen mit Nahtoderfahrung, sondern war generell auf den Querschnitt der deutschen Bevölkerung ausgerichtet. Die Ergebnisse beziehen sich also auf die gesamte Bevölkerung der Bundesrepublik Deutschland mit mehr als 80 Millionen Menschen. Um eine unverstellte Antwort auf die Frage zu erhalten, wie viele Menschen eigentlich eine Nahtoderfahrung gemacht haben, wurde nach verschiedenen Erfahrungen gefragt, die mit dem Tod zusammenhingen, also Todesahnungen, Sterbebettvisionen, paranormale Phänomene und Todesnäheerfahrungen.

Ergebnisse

Das Ergebnis ist sensationell: Bezogen auf die Gesamtbevölkerung haben etwa dreieinhalb Millionen Deutsche eine Nahtoderfahrung am eigenen Leib erfahren! Davon fanden sich etwa gleich viele Männer wie Frauen, die eine solche Erfahrung gemacht hatten. Auch hinsichtlich des Unterschiedes zwischen Ost- und Westdeutschland fanden sich im Osten ähnlich viele Menschen wie im Westen mit Nahtoderfahrung. Unterschiedliche Religionen spielen auch keine Rolle. Soziale Unterschiede haben wenig Einfluß darauf, wer eine Nahtoderfahrung macht.

Ein weiteres Ergebnis der Untersuchung bezüglich der äußeren Umstände einer Nahtoderfahrung zeigt, daß die häufigsten Ereignisse, die zu Todesnähe führen, Verkehrsunfälle, Operationen, Herzinfarkte oder andere akute Krankheiten sind. Fraglich erscheint, inwieweit es sich bei Nahtoderfahrungen tatsächlich um lebensgefährliche Zustände handelt, die mit dem körperlichen Tod zusammenhängen. Die Nähe zum Tod ist also eine subjektiv wahrgenommene Verfassung. Es wurde auch festgestellt, daß die Todesnäheerfahrung kein Tabuthema mehr in Deutschland ist, da sie mittlerweile nicht nur von Betroffenen gern berichtet wird, sondern auch in Medien (Radio, TV, Zeitungen, Zeitschriften und Büchern) zu einem beliebten Thema geworden ist.

In der Untersuchung sollte sich erweisen, »... daß der Vergleich der Nahtoderfahrungen in Ost- und Westdeutschland in gewissem Sinne dem Vergleich zweier unterschiedlicher Kulturen gleichkommt.«[20]

Einerseits liegt das im eher atheistisch geprägten Osten begründet, wie auch in einer daraus resultierenden völlig anderen Deutung des Todesnäheerlebnisses. Am häufigsten gaben die Betroffenen an, daß sie während ihrer Erfahrung hellwach waren (obwohl sie für den Außenstehenden bewußtlos erschienen), und daß sie ein wunderbares Gefühl dabei hatten. Sie brachten den Eindruck mit, in einer anderen Welt gewesen zu sein, in der sich ihr Bewußtsein in nie gekannter Weise erweiterte.

Mehr Höllenerfahrungen in Ostdeutschland

Das eigentlich überraschende Ergebnis der ostdeutschen Erfahrungen ist, daß fast die Hälfte der Befragten ein schreckliches Gefühl bei der Erfahrung hatte. Mehr als 60 Prozent der Befragten aus Ostdeutschland fanden sich hier wieder, jedoch kaum 30 Prozent der Westdeutschen. Das gehäufte Auftreten von höllischen Elementen bei der Nahtoderfahrung in Ostdeutschland liegt zum einen in der Deutung des Erlebnisses, zum anderen verweist es auf die mangelhafte Auseinandersetzung der sozialistischen Gesellschaft mit dem Tod. (Im übrigen wurden Strafphantasien durch den Staat gefördert.) Da es so gut wie keine Möglichkeit gab, mit anderen darüber zu sprechen, war das Thema im Gegensatz zum Westen stark angstbesetzt und die Menschen mit Nahtoderfahrung isoliert. Dennoch gilt den Betroffenen die Nahtoderfahrung als Blick ins Jenseits, welches allerdings weniger christlich-religiös gedeutet wird, sondern mehr als grundlegende Spiritualität.

Subjektive Höllenerfahrung

Knoblauch versucht in seiner Studie vor allem auf die Unterschiede in den Inhalten der Nahtoderfahrungen hinzuweisen. Die amerikanische Standarderfahrung mit dem Gefühl des Friedens und der Schmerzfreiheit, der außerkörperlichen Erfahrung, Tunnel und Licht, die Knoblauch offensichtlich als festes Muster ansieht, findet er weniger vor. So ist sein Forschungsansatz von vornherein auf die subjektiven Unterschiede in den Erlebnissen abgestellt. Dabei übersieht er, daß Moody und Kübler-Ross keineswegs von *der* Nahtoderfahrung sprechen, sondern es uns durch ihre Pionierarbeit überhaupt erst möglich gemacht haben, die Nahtoderfahrungen durch die unterschiedlichen Merkmale als solche überhaupt erst zu identifizieren. Keine Erfahrung läuft nach einem festen Schema ab, jedoch finden sich immer einige der Standardelemente.

Hierzu führt Knoblauch einige Beispiele auf: »Eine Frau, die in einen Autounfall geraten war, berichtete, daß es ihr nach dem Aufprall ganz heiß wurde. Dann sah sie alles sehr deutlich. Was sie sah, war unbeschreiblich bunt, und es war in einer großen Blase. In dieser Blase sah sie ihren Freund, der vor Zeiten mit dem Motorrad tödlich verunglückt war. Dann wurde alles schwarz – und sie nahm die Ärzte um sich herum wahr.«[21]

Es handelt sich bei dieser Nahtoderfahrung offensichtlich nur um einen ganz kurzen Blick in die andere Welt. Die Frau hat Schwierigkeiten, das Erlebte in Worte zu kleiden. Dennoch empfindet sie Helligkeit und begegnet ihrem toten Freund. Fragmentarische Erlebnisse sind häufig bei Autounfällen, da die Nahtoderfahrung dann meist durch eine psychische Streßreaktion ausgelöst wird oder durch Ohnmacht infolge eines Schocks.

In einem weiteren »bizarren« Fall wurde eine Frau vom Blitz getroffen, berichtet Knoblauch:

»Sofort glaubte ich, daß meine (schon verstorbene) Mutter mich auf die Erde legte und mich zärtlich streichelte. Die Sonne erhellte alles. Trotz des hellen Lichtes waren viele Farben zu sehen. Ich hörte leise Musik. Ein schwarz gekleideter Mann stand in kurzer Entfernung und winkte mir zu. Meine Mutter aber hielt mich fest. Große Bäume waren zu sehen, die keinen Anfang und kein Ende hatten.«[22]

Neben dem Licht, der Begegnung mit der verstorbenen Mutter, erscheinen Knoblauch der schwarz gekleidete Mann und die unendlichen Bäume (!) als eigenwilliges

Element. Aus vielen Gesprächen mit Menschen, die eine Nahtoderfahrung gemacht haben, aber auch in der Resonanz auf Hörfunksendungen oder Fernsehauftritte mit Zuschauerbeteiligung taucht das Element des schwarzen Mannes häufiger auf. Er ist meistens das Symbol für den Tod, wobei der Betreffende aber immer noch frei wählen kann. In diesem Beispiel ist das geradezu offensichtlich, da die verstorbene Mutter ihre Tochter praktisch bittet, ins Leben zurückzukehren.

Eine ostdeutsche Frau findet sich eher in der Hölle wieder: »Sie sieht sich durch einen dunklen Wald voller fremder Tiere und Gestalten laufen, die auf sie zukommen. Die Geräusche machen ihr angst, sie läuft so schnell sie kann. Doch sie befindet sich in einem Labyrinth.«[23]

Todesnäheerlebnisse zeichnen sich generell durch die Subjektivität der Erfahrung aus. Die obige Schilderung ist eine Begegnung mit der Angst. Im übrigen gibt es eine Vielzahl von Menschen mit sehr fragmentarischen Erlebnissen bzw. Erinnerungen. Häufig gehen Teile der Erinnerung durch starke Medikamente oder schnelle Bewußtlosigkeit verloren.

Raymond Moody hat mit seinen Fällen die Standarderfahrung herausgearbeitet. Dies ist keineswegs ein »Mythos«, sondern hat eine Einschätzung der Nahtoderfahrung wissenschaftlich erst möglich gemacht.

In der Knoblauch-Studie wird übersehen, daß es unterschiedliche Grade von Todesnähe gibt. Eine Begegnung mit der anderen Realität ist insofern fragmentarischer Natur, weil das Geschaute vom Bewußtsein des Betreffenden abhängig ist und die Wahrnehmung durch die Gedanken gefiltert wird.

Dennoch beschäftigen selbst winzige Einblicke in jenseitige Welten Millionen von Menschen und verweisen auf einen größeren Sinnzusammenhang.

Erklärung der Unterschiede

Wer sich eingehend mit dem vorliegenden Material der Nahtoderfahrung auseinandersetzt, ist verblüfft über die Vielfalt der unterschiedlichen Berichte. Bestimmte Motive kehren zwar immer wieder – die außerkörperliche Erfahrung, der Übergang (Tunnel, Wiese, Bergpaß etc.) Licht, Frieden, Schmerzfreiheit, die Ausgestaltung des individuellen Erlebens ist jedoch recht unterschiedlich. Bei einem Vergleich von Nahtoderfahrungen in unterschiedlichen Kulturkreisen ist aber auffällig, daß der erlebte Jenseitsbereich stets von den Mustern und Erwartungen der jeweiligen Kultur geprägt ist.
So zeichnen sich die mittelalterlichen Sterbeerlebnisse durch grausige Schilderungen der Hölle aus – zumindest als Durchgangsstadium. Altägyptische oder tibetische Schilderungen beinhalten die jeweiligen Vorstellungen der entsprechenden Totenbücher, in indianischen Berichten sind es Landschaften mit Bergpässen und Wigwams. In zeitgenössischen Schilderungen aus Indien, Amerika oder Deutschland trifft man ebenso auf die derzeitigen kulturellen Ausprägungen. So mancher Leser mag sich fragen, warum die Jenseitsschilderungen so erschreckend subjektiv ausfallen und vom einzelnen Erfahrenden so unterschiedlich erlebt werden. Folgendes sei dazu angemerkt:
1. Todesnäheerlebnisse sind grundsätzlich subjektiver und individueller Natur. Sie sind geprägt von den jeweiligen Vorstellungen des Betroffenen. Jeder Mensch erlebt die Nähe des Todes aus seiner eigenen, höchst individuellen Sichtweise.
2. Die Unterschiedlichkeit ergibt sich daraus, daß sich die jeweiligen Gedanken des Betroffenen sofort manifestieren, sobald das Bewußtsein (Seele) den Körper verlassen hat. Diese Gedanken sind natürlich geprägt von der jeweiligen

Kultur wie auch von den subjektiven Vorstellungen und Erwartungen der Person, die eine Nahtoderfahrung macht.

3. Im Grunde können alle Todesnäheerlebnisse, die in der Regel nur den *Übergang* beinhalten, weil danach ja alle in den Körper zurückkehren, immer nur ein Ausschnitt sein, noch dazu ein höchst subjektiver, also ein winziges Fragment dessen, was wir als Jenseits verstehen.

4. Objektiv ist jedoch eine Übereinstimmung gewisser Merkmale der Nahtoderfahrung immer vorhanden.

5. Jemand, der dabei ist zu sterben, kann sich dem Erlebten nur insofern nähern, wie es sein eigener jeweiliger Bewußtseinszustand zuläßt – auch der ist natürlich bei jedem Menschen völlig unterschiedlich. Wer stark angstbesetzt ist, wird auch mit seiner Angst konfrontiert, was sich in unangenehmen oder »höllischen« Erfahrungen manifestiert.

6. Durch all diese unterschiedlichen Erlebnisse quer durch die Zeiten und Kulturen schimmert aber immer gleichermaßen das Licht der bedingungslosen Liebe.

7. In der Vielfalt und Häufigkeit heutiger Todesnäheerlebnisse sind es vor allem die Auswirkungen auf das weitere Leben der Betroffenen, die erkennen lassen, daß die Erfahrung eines größeren geistigen Sinnzusammenhangs die Angst vor dem Tod nimmt.

8. Es ist für den heutigen Menschen außerordentlich wichtig zu wissen, daß wir über *eigene Schöpferkraft durch Gedanken* verfügen. Die Auswirkungen unserer Gedanken im Leben lassen sich oft nur schwer ausmachen durch die Gebundenheit an Zeit und Raum, wo sich dann vieles als beliebiges »Schicksal« scheinbar von außen manifestiert. Der eigentliche Urgrund, nämlich die eigenen Gedanken, führen wir darauf nicht mehr zurück. Beim Übergang jedoch, den wir Tod nennen, sind wir sofort mit dem Ergebnis unserer Gedankenkraft konfrontiert.

9. Im Leben wie im Tod verfügen wir über den freien Willen. Nach dem Übergang in die feinstoffliche Welt er-

schaffen wir (wie auch im Leben!) immer unsere eigene Wirklichkeit. Wir selbst wählen, was wir als nächstes erleben wollen.

10. Sobald wir diesen Zusammenhang zwischen den eigenen Gedanken und dem Erlebten begriffen haben, wird der einzelne überhaupt erst imstande sein, die objektive Realität im Jenseits, die uns mit unserem begrenzenden irdischen Verstand wenig zugänglich ist, zu erkennen.

11. Die meisten Nahtoderfahrungen zeichnet das Wiedererinnern an die Geborgenheit im großen Ganzen aus, was wir nur demütig GOTT nennen können.

12. Todesnäheerfahrungen machen uns den Sinn allen Geschehens klar. Die meisten Betroffenen kehren deshalb völlig verändert in ihren Alltag zurück. Bei aller Subjektivität und Unterschiedlichkeit der jeweiligen Erlebnisse erfuhren sie die Wirklichkeit der anderen Welt.

13. Gemeinsam ist allen Todesnäheerfahrungen das Erleben einer anderen Ebene der Wirklichkeit, die unabhängig ist von Gehirnfunktionen oder biochemischen Vorgängen im Körper. Eine Nahtoderfahrung ist immer ein Gipfelpunkt des Lebens und wird nie vergessen, egal wie lange sie her ist.

14. Rückführungstherapeuten in aller Welt wurden die Merkmale des Übergangs millionenfach durch ihre Klienten bestätigt. Vielleicht ist der Übergang der Seele in die andere Form des Seins schon in den Genen vorgeprägt.

Nahtoderfahrungen von Blinden: Geist-Sicht (Mindsight)

Im Rahmen einer Untersuchung von Nahtod- und außerkörperlichen Erfahrungen bei Blinden haben Kenneth Ring und Sharon Cooper anhand von 30 Fallbeispielen congenial Blinder herausgefunden, daß diese während ihrer NTE sehend waren. Eine entsprechende Studie erschien Anfang 1997 in den USA; eine deutsche Übersetzung liegt noch nicht vor.

NTEs bei Menschen, die von Geburt an blind waren, verlaufen genauso wie bei Sehenden – mit einem Unterschied: Einzelne konnten keine Farben erkennen, wobei andere genau erkennen konnten, welche Farbe die Kleidung von Anwesenden hatte u. ä. Interessanterweise ist die Begegnung mit dem Licht besonders intensiv: So konnten viele Blinde dieses nicht nur sehen, sondern auch fühlen. Auch die anderen Wesen leuchteten und waren hell: »Da war jeder aus Licht. Und ich war aus Licht. Überall war Liebe. Es war, als ob aus dem Gras Liebe käme, von den Vögeln und den Bäumen.«

Manche Blinde wurden sich bewußt, daß da bestimmte Menschen waren, die sie im Leben gekannt hatten. So begegneten einer jungen Frau zwei Mitschülerinnen, die Jahre zuvor gestorben waren. Diese waren nicht nur blind, sondern auch schwer geistig behindert. Nun sahen sie gesund und vital, licht und schön aus. Sie waren keine Kinder, sondern in der Blüte ihrer Jahre. Bei diesen Begegnungen wurden keine Worte ausgetauscht, sondern nur Gefühle – Gefühle von Liebe und Willkommen. Auch der Lebensrückblick wurde »gesehen«: »Das Wesen sagte zu ihr: ›Aber zuvor schau dir noch dies an.‹ Was Vicki dann sah, war alles von Geburt an in einem kompletten Panoramarückblick auf ihr Leben. Während sie zuschaute, gab das Wesen sanft Kommentare ab, die ihr die Bedeutung ihrer Handlungen und deren Auswirkung verstehen halfen.«

80 Prozent der untersuchten Blinden erklärten, daß sie während der Nahtoderfahrung visuelle Wahrnehmungen gehabt haben.

In diesem Zusammenhang sei darauf verwiesen, daß die

Traumforschung festgestellt hat, daß Blindgeborene in Träumen keine visuellen Erlebnisse haben. Insofern kann eine NTE niemals ein Traum sein und auch keine Halluzination.

Ein achtjähriger Junge namens Brad lebte in einem Heim für blinde Kinder. Er bekam eine schwere Lungenentzündung und schließlich schwere Atemstörungen. Sein Herz stand mindestens vier Minuten still. »Brad bemerkte, wie er zur Zimmerdecke schwebte und sah seinen leblosen Körper auf dem Bett liegen. Dann stieg er durch die Zimmerdecken hindurch bis über das Dach. An diesem Punkt wurde ihm bewußt, daß er klar sehen konnte: Er bemerkte einen dunklen Himmel voller Wolken und sah zum ersten Mal in seinem Leben Schnee. Er sah eine Straßenbahn fahren und erkannte einen Spielplatz. Auf die Frage, ob er diese Dinge gewußt oder gesehen habe, gab er an: ›Ich habe sie deutlich visualisiert. Ich konnte sie plötzlich bemerken und sehen. Ich erinnere mich daran, daß ich sie ganz klar sehen konnte.‹ Schließlich wird er in einen Tunnel eingesogen und gelangt auf ein riesiges Feld, das von starkem, allumfassenden Licht bestrahlt war. Auch in diesem ›Reich‹ konnte er klar sehen.«

Blinde berichten normalerweise sowohl Dinge aus dieser Welt wie auch anderweltliche Szenen zu sehen, wenn sie in den transzendentalen Bereich der Nahtoderfahrung gelangen. Die jenseitige Welt wird vom Sehen her als vollkommen natürlich bzw. so, wie es sein soll, beschrieben. Der Beginn der visuellen Wahrnehmung der physischen Welt ist für Blinde häufig verwirrend oder sogar beunruhigend. Vicki berichtet: »Es fiel mir wirklich schwer, eine Beziehung zum Sehen zu finden, da ich es nie erfahren hatte. Und es war mir sehr fremd. Mal sehen – wie kann ich das in Worte fassen? Es war wie Worte zu hören, sie aber nicht zu verstehen.«

Diese Phase der Desorientierung ähnelt in gewisser Weise der Erfahrung von Menschen, die mit Grauem Star geboren werden und dann später wieder sehen können. Eine gewisse Zeit der Anpassung benötigen auch Blinde während einer Nahtoderfahrung, aber dann kommt es ihnen vor, als hätten sie schon immer sehen können.

Wie nun erklärt sich, daß Blinde während einer NTE die sensorischen Beschränkungen anscheinend überwinden können, die sie bis dahin in einer bilderlosen Welt gefangenhielten? Hängt das Sehen letztlich von den Augen ab oder kommt alternativ eine andere Form von Gewahrsein ins Spiel, wenn man – blind oder nicht – in einen Bewußtseinszustand geworfen wird, in dem das sensorische System nicht mehr funktioniert? Auch hier zeigt sich, daß der Tod eine Bewußtseinserweiterung ist, die unabhängig von den vitalen Körperfunktionen entsteht.

Kenneth Ring kommt in seiner Studie zu folgender Schlußfolgerung: »Es muß klargestellt werden, daß diese Wahrnehmungen Blinder nicht dasselbe sind wie physisches Sehen, d. h. Blinde sehen nicht auf die übliche Weise bei diesen Erfahrungen. Sie haben aber Zugang zu einem erweiterten übersinnlichen Bewußtsein. Sie gelangen in einen Zustand transzendentalen Bewußtseins, der als Geist-Sicht (Mindsight) bezeichnet wird. Wenn die sensorischen Systeme ausfallen, wird uns diese Geist-Sicht potentiell zugänglich und ermöglicht direkten Zugang zu einem Gebiet transzendentalen Wissens, das uns in unserem normalen Wachzustand verschlossen bleibt. So kommt es, daß Blinde wahrnehmen können, was sie nicht im Wortsinne ›sehen‹ konnten und das kennen können, was ihnen bislang verborgen war. Dieses ist nicht einfach ›Sehen‹, sondern eine Allwissenheit, die all das, was ›Sehen‹ je leisten könnte, vollkommen übersteigt. Es ist das ›Ich‹, das Höhere Selbst, das sieht und die Welt aus geistiger, augenloser Sicht erblickt.«[24]

Das Wesen der Nahtoderfahrung

Wie wir sehen konnten, besteht eine Nahtoderfahrung aus einem bestimmten Grundmuster. Sie kann sich während biologischer oder psychologischer Todesnähe ereignen:
Die erste Gruppe erleben Menschen, die dem biologischen Tod nahe sind, also klinisch tot waren, z. B. bei Herzinfarkt, wo das Herz versagt und der Kreislauf zusammenbricht, bei einem Selbstmordversuch, Gewaltanwendung oder durch Unfall, wo der Körper stark verletzt wurde u. ä.
Auslöser für die zweite Gruppe sind Erlebnisse, wenn der Erfahrende psychisch glaubt, dem Tode nahe zu sein, ohne jedoch irgendeine Art von Verletzung zu haben; z. B. Bergsteiger, die einen Absturz überleben, übergroße Streßsituationen oder psychische Notlagen und Krisen. Der Inhalt der Nahtoderfahrungen ist bei den Auslösern gleich, wobei die Vollständigkeit der Erfahrung bei psychologischer Todesnähe nicht so häufig ist. Auch Sterbebetterfahrungen und Todesvisionen zählen heute zu dem Bereich der NTE, wobei diese jedoch nur einzelne Elemente enthalten und gewöhnlich bei jemandem auftreten, der langsam seinem Tod entgegengeht.
Bei der NTE ist es in der Regel eine plötzliche, nicht erwartete Konfrontation mit dem Tod. Ein Nichterinnern einer Todesnähe kann durch eine Flucht in schnelle Bewußtlosigkeit erwirkt werden, d. h. je früher die Bewußtlosigkeit einsetzt, desto geringer ist die Wahrscheinlichkeit einer Nahtoderfahrung. So gilt vielen Forschern heute das Nichterleben einer NTE als Verdrängung des Todes. Das erklärt, warum nur ein Viertel der Menschen, die biologisch oder psychologisch dem Tode nahe waren, sich später bewußt an ihre Sterbeerfahrungen erinnern können. Daneben ist auch zu bedenken, daß Psychopharmaka und

Schmerzmittel die Wahrnehmung und Erinnerung von Sterbeerfahrungen beeinträchtigen, wie auch die Tatsache, daß in deutschen Kliniken kaum jemand die Patienten nach Nahtoderfahrungen befragt. In jedem Fall sind mir Fälle bekannt, wo sich verschüttete Nahtoderfahrungen durch Träume bemerkbar machten und dann an die Bewußtseinsoberfläche geholt werden konnten. Ein Potential bislang verdrängter Sterbeerfahrungen liegt brach.

Wenn Menschen mit Nahtoderfahrungen oder ähnlichen spirituellen Erlebnissen sich wirklich öffnen und vorurteilsfrei über ihre Erlebnisse und Erfahrungen sprechen können, treten dadurch nicht selten derartige vergessene Sterbeerlebnisse wieder in Erscheinung.

In renommierten Forschungszentren Europas und Amerikas sind Wissenschaftler unterschiedlicher Disziplinen fachübergreifend mit der wohl wichtigsten Frage des Menschenlebens befaßt: Was geschieht mit uns, wenn wir sterben?

Die Grund- und Kernfrage unserer Existenz verweist mit ihren interdisziplinären Ergebnissen darauf, daß der Tod nicht das Ende ist, sondern ein Übergang in eine andere Form des Seins.

Hier zeigt sich ein Zusammenhang mit den Heiligen Schriften aller Zeiten und Völker, die stets von einem Leben nach dem körperlichen Tod berichteten.

Vom tibetischen Totenbuch, dessen Schilderungen sich heute mit Nahtoderfahrungen vergleichen lassen, bis zu Anklängen in der Bibel (2 Kor. 12) sowie den Beschreibungen der Mystiker bis zu den Ars moriendi des Mittelalters – alle diese Schriften enthalten Markierungen des Jenseits mit der Spannbreite des Erlebens zwischen Himmel und Hölle.

Voraussetzung dieser Seelenreisen ist der Austritt der Seele aus dem Körper – die außerkörperliche Erfahrung. Diese wurde aber zu allen Zeiten und an allen Orten der Welt quer durch die Geschichte der Menschheit berichtet, wie auch die Nahtoderfahrung.

Die außerkörperliche Erfahrung indes wurde schon in den siebziger Jahren im Monroe-Institut, Virginia, USA unter Laborbedingungen untersucht. Sie gilt als wissenschaftlich erwiesen: Der Mensch ist imstande, unter bestimmten Bedingungen und unter Anwendung bestimmter Techniken seinen Körper zu verlassen. Elisabeth Kübler-Ross war damals eine der ersten, die diese Erfahrung machen wollte. Sie legt beredtes Zeugnis davon ab in ihrem Buch »Sehnsucht nach Hause« (1997).

Nicht zuletzt ist das Ansteigen dieser tiefgreifenden bewußtseinserweiternden Erfahrung auf die Fortschritte der modernen High-Tech-Intensivmedizin zurückzuführen.

Auf eine Tatsache sei hier noch verwiesen: Millionen und Abermillionen Menschen auf der ganzen Welt haben eine Nahtoderfahrung gemacht. Es hat sich gezeigt, daß ein bestimmtes Muster einer NTE zugrunde liegt, unabhängig von Kultur, Rassenzugehörigkeit, Geschlechtsidentität usw.

Die meisten Menschen mit einer Nahtoderfahrung konnten exakt ihre Umgebung beschreiben, obwohl sie sich körperlich auf einer Intensivstation oder Unfallstelle befanden.

Viele befanden sich weit entfernt vom Ort des Geschehens, bei ihren Müttern, Vätern oder sonstigen Angehörigen, mit denen sie ein Liebesband verbindet. Viele konnten von der außerkörperlichen Ebene aus Veränderungen im entsprechenden Haushalt beschreiben.

Durch unzählige Studien ließ sich nachweisen, daß die Nahtoderfahrung eine universale Erfahrung ist, die unabhängig von geographischen oder kulturellen Besonderheiten unmittelbar mit unserem Menschsein zusammenhängt. Die Häufigkeit beweist, daß sie eine authentische menschliche Erfahrung ist.

Wenn wir den Tod überleben, so hat diese Tatsache weitreichende Konsequenzen für unser Leben. Durch dieses Wissen wird es erst möglich, angstfreier im Hier und Jetzt mit dem Leben umzugehen. Daß in der Öffentlichkeit und in den Medien immer noch erschreckende Unwissenheit und nicht selten wissenschaftliche Arroganz dem Thema gegenüber vorherrscht, trägt sicherlich zu einer wie mir scheint gewollten Verunsicherung bezüglich Sterben und Tod bei. Dadurch wird eine ernste Auseinandersetzung über Sterben, Tod und Leben danach verhindert.

Erklärungsversuch der Wissenschaft

Der permanente Tenor im öffentlichen Diskurs ist die These, es handele sich um Halluzinationen, Sauerstoffmangel oder Endorphinausschüttungen im Gehirn. All diese beliebten überstrapazierten Diskreditierungsformulierungen können aber nichts mit konkreten und beweisbaren Erlebnissen von Menschen zu tun haben. Ärgerlich wird das Ganze, wenn in Sendungen Menschen mit Nahtoderfahrungen zu Wort kommen und sie am Ende von einem beliebigen Psychologen durch die obengenannten Thesen der Lächerlichkeit preisgegeben werden.
Wenn wir nun die Erklärungen der Wissenschaft zum Phänomen der Nahtoderfahrung betrachten, sind folgende Tatsachen zu beachten:
1. Die Nahtoderfahrung ist ein logisch und geordnet ablaufendes Geschehen, in dessen Verlauf es dazu kommt, daß man aus seinem Körper herausschwebt, in Finsternis eintaucht und ein nicht zu beschreibendes Licht erlebt. Die Betroffenen sind sich darüber bewußt, was sie erleben, ganz im Gegensatz zu Halluzinationen, denen man ausgeliefert ist.

2. Es wurde festgestellt, daß NTE und außerkörperliche Erfahrungen vermehrt dann auftreten, wenn *keine* bewußtseinsverändernden Mittel eingenommen werden. Im Gegenteil zeigte sich bei denjenigen, die starke Medikamente wie Schmerzmittel oder Psychopharmaka bekommen hatten, daß sich diese häufig nicht daran erinnern konnten, eine Nahtoderfahrung gemacht zu haben. Die Verzerrung der Wahrnehmung und Erinnerung kann über Träume oder Beschäftigung mit dem Thema aufgelöst werden und erst viele Jahre später an die Oberfläche des Bewußtseins treten.

3. Die sogenannten Nichtigkeitserfahrungen und das unangenehme Leergefühl (Höllenvisionen) finden mehrheitlich bei narkotisierten Geburtsvorgängen statt. Somit war es der Medizin bis heute nicht möglich, NTEs als Nebenwirkung von Medikamenten zu erklären.

4. Eine der beliebtesten Erklärungen für NTE ist die These vom Sauerstoffmangel im Gehirn, welche die Visionen auslösen soll. Entgegenzuhalten ist hierbei zunächst der Umstand, daß Sauerstoffentzug nicht zwangsläufig bei jedem Nahtoderleben auftritt. Da es sich durch wissenschaftliche Untersuchungen und Messungen des Sauerstoffgehaltes bei Patienten herausgestellt hat, daß Sauerstoffmangel im Gehirn nicht zwangsläufig für eine NTE Voraussetzung ist, kann man die Nahtoderfahrung auch nicht als Folge eines solchen Mangels erklären. Es ist lediglich möglich, daß *Hypoxie* (Sauerstoffmangel) ein auslösender Faktor sein kann.

5. Die Beteiligung der sogenannten körpereigenen Drogen wie Endorphin oder Serotonin rufen keine Halluzinationen oder andere bildhafte Erfahrungen hervor. Bei einer NTE ist aber die inhaltliche Erlebnisfülle so stark angefüllt mit Bildern, daß der Erklärungswert körpereigener Opiate erheblich zusammenschrumpft. Bislang ist von der Hirnforschung kein unverwechselbares Erregungsmuster in der

Biochemie des Menschen für Todesnäheerlebnisse gefunden worden. Auch hirnphysiologische Vorgänge gelten allenfalls als Auslösemechanismus, erklären aber auch nicht das Auftreten von NTE. Vielmehr scheint den materialistisch orientierten Wissenschaftlern der Umstand Sorge zu bereiten, daß der Mensch tatsächlich mehr ist, als ein Produkt seines Gehirns und der entsprechenden Biochemie. Es zeigt sich, daß unser Bewußtsein unabhängig vom Körper existiert.

6. Neurologen haben festgestellt, daß es eine »Schaltstelle der Mystik« im rechten Schläfenlappen gibt, einer Stelle direkt über dem rechten Ohr mitten im Gehirn, wo einige Elemente der Nahtoderfahrung lokalisierbar sind. Versuche mit Stromstößen in dieser Region haben ergeben, daß es dadurch zu außerkörperlichen Erfahrungen kommen kann, daß Geistgestalten gesehen werden oder ein Lebenspanorama erlebt wird. Das wesentlichste Element einer NTE ist allerdings nicht stimulierbar: Die Erfahrung des Lichts, welche die tiefgreifende Persönlichkeitsveränderung zur Folge hat!

Würden wir herausfinden, daß die NTE eine eigenständige biologische Grundlage hat, so würde es weniger das materialistische Weltbild bestätigen, als es vielmehr in Frage stellen. Der Gedanke drängt sich auf, daß der Übergang ins Jenseits genetisch programmiert ist!

Persönlichkeitsveränderung durch Nahtoderfahrung

Die meisten Menschen, die jemals eine Nahtoderfahrung gemacht haben, verändern sich grundlegend in ihren Einstellungen, Werten und Ansichten über das Leben. Sie haben keine Angst mehr vor dem Tod. Das Erlebnis wird in der Regel nie vergessen. Selbst wenn die Erfahrung als

Kind gemacht wurde, kann man sich daran als Erwachsener genau erinnern. Bevor nun aber einzelne Komponenten der Auswirkung einer Nahtoderfahrung auf die Erlebenden näher untersucht und vorgestellt werden, ein paar Bemerkungen über negative und schwierige Begleitumstände von Nahtoderfahrungen. Leider werden diese in der einschlägigen Literatur fast gänzlich unterschlagen.

Wer sich jemals mit Menschen, die eine Nahtoderfahrung gemacht haben, auseinandergesetzt hat und mit ihnen weitergehende Gespräche geführt hat, weiß, daß es erhebliche Schwierigkeiten geben kann in der Verarbeitung einer solchen Erfahrung.

Orientierungslosigkeit

Das Umfeld, die Angehörigen, Freunde und Verwandten sind oft nicht bereit, sich mit den geistigen Erfahrungen eines Menschen auseinanderzusetzen, und nehmen ihn nicht ernst, wenn er von seinen Erfahrungen berichtet. Außerdem kann auch darüber hinaus alles in Frage gestellt werden, was für den Betreffenden einstmals von Bedeutung war. Das ergibt nicht selten eine gewisse Orientierungslosigkeit, weil die betreffenden Menschen nicht wissen, *wie* sie ihr Leben anders gestalten sollten. Häufig beginnen sie mit einer spirituellen Suche, die jahrelang dauern kann. Auch starke Depressionen können auftreten, da man sich hier auf Erden nicht mehr beheimatet fühlt und traurig ist über den Verlust der Allwissenheit, Ganzheit und der bedingungslosen Liebe. Es kann sogar zu Persönlichkeitsspaltungen mit psychotischen Entgleisungen kommen, da die unterschiedlichen inneren Welten nicht in den Alltag integriert werden können bzw. die Betreffenden nicht mehr genügend geerdet sind. Viele wissen dann auch nicht, wie sie mögliche

Ziele erreichen können, die in einer Zukunftsschau gezeigt wurden, wo sie sich beispielsweise als spirituelle Lehrer sahen.

Besonders gravierend ist in diesem Zusammenhang, daß sich häufig nach einem solchen Erleben paranormale Fähigkeiten einstellen, z.B. Hellsichtigkeit, Glühbirnen, die im Umfeld ständig zerspringen, Wahrträume, Lichterscheinungen bzw. Kontakte mit Verstorbenen oder Geistwesen etc.

Erschwerend ist dabei der Umstand, daß die objektiven Elemente des Jenseits von den subjektiven, d.h. von den eigenen Wünschen, Gedanken, Vorstellungen und Trieben mit beeinflußt sind. Der Betreffende kann seinen eigenen Trugbildern und Illusionen erliegen, weil sich durch die Macht der Gedanken im außerkörperlichen Erleben alles umgehend manifestiert.

Selbstfindung

Dieser Prozeß der Selbstfindung kann bis zu sieben Jahre dauern. Er betrifft ca. zehn Prozent aller Nahtoderfahrungen. Dennoch sind die Auswirkungen letztendlich immer positiv: Oft werden Umwege gegangen, bis der einzelne mit dem Erleben ins reine kommen kann. Besonders häufig treten diese langwierigen Selbstfindungsprozesse bei Menschen auf, die gleich mehrere Nahtoderfahrungen in unterschiedlichen Phasen ihres Lebens gemacht haben: Das Material ist so überwältigend, daß es nicht in den Alltag integriert werden kann. Zudem vermischt es sich mit den möglichen negativen Elementen einer Nahtoderfahrung, den sogenannten Höllenerfahrungen. Außerdem bleiben nach *mehreren* Nahtoderfahrungen nur unterschiedliche Fragmente der Erfahrung im Gedächtnis. Das Unbestimmte wird schmerzhaft, weil durch die Umstände der NTE oder wegen negativer Reaktionen der Umwelt ein Teil des Erlebten ausgeblendet ist und nicht erinnert werden kann. Die verschiedenen Erfahrungen vermischen sich. Ist bei der NTE ein Anschluß an alles Wissen vorhanden und wurden Zukunftsvisionen erlebt, ist es schwer, verschiedene Erinnerungen konkret auseinanderzuhalten. Das Chaos im Inneren von Jemandem, der solche Erlebnisse zu verarbeiten hat, ist kaum vorstellbar. Die Erinnerung ist teilweise chaotisch: Manche der erwarteten Dinge treffen nicht ein, andererseits bewahrheiten sich aber völlig unvermutet bestimmte geschaute Dinge. Diesen Zwiespalt auszuhalten erfordert zumindest einen Menschen, der voll in seiner Mitte steht und die bestürzende Subjektivität des Erlebten auszuhalten vermag, egal, ob bestimmte vorausgesehene Dinge wirklich eintreffen oder nicht. Wer dann gar die hoffnungslose Leere erlebte oder den Wiederholungszwang bestimmter Situationen von Wesenheiten mit ansehen mußte, ist sich seiner eigenen Irrwege im Diesseits und seiner Verantwortung dafür sehr wohl bewußt.

Jenseits und Diesseits scheinen sich gegenseitig zu durchdringen. Leben ist ein kontinuierlicher Prozeß, wobei sich eine Wesenheit oder Bewußtseinseinheit durch den Übergang, den wir Tod nennen, nicht automatisch verändert. Vielmehr finden wir auf der anderen Seite das vor, was unserer eigenen psychischen Realität auf Erden entspricht. Es ist eine Illusion zu glauben, daß wir durch den Tod automatisch von allem erlöst sind oder perfekt werden.

Eine objektive Realität des Jenseits läßt sich durch die interkulturell gleichen Muster einer Nahtoderfahrung erschließen, jedoch muß der einzelne imstande sein, diese zu erkennen und frei zu wählen. Insofern ist es außerordentlich wichtig, sich schon während des diesseitigen Lebens mit den Möglichkeiten des Jenseits vertraut zu machen.

Heilung

Und trotzdem, in letzter Konsequenz ist jede Nahtoderfahrung – ob positiv oder negativ – heilsam und verändert bei einem Menschen die Sicht der Dinge für immer. Wünschenswert wäre es, wenn sich immer mehr Menschen trauen würden, über ihre Erfahrungen in der Öffentlichkeit zu reden. Es ist nichts Geheimes, Intimes, Persönliches, denn es betrifft doch jeden Menschen in seinem existentiellen Kern: Wir alle müssen sterben. Je früher wir uns mit dieser Tatsache vertraut machen, aus dem Faktum der Nahtoderfahrung für unser Leben Hoffnung schöpfen und das Potential einer möglichen Transformation nutzen, um so leichter gestaltet sich unser Leben im Hier und Jetzt. Wir erkennen den tieferen Sinn von allem, was uns widerfährt, und verlieren die Angst vor dem Tod. Das eröffnet uns eine Vielzahl neuer Möglichkeiten im alltäglichen Leben. Die eigenen Begrenzungen können nicht nur erkannt, sondern auch beseitigt werden. Durch ein spirituelles Erwachen schließlich wird alles möglich: Jeder sollte nur das tun, was er wirklich will, und sich nicht durch freudlose aufgezwungene Tätigkeiten beschneiden oder einengen lassen, nur aus einem materiellen Sicherheitsdenken heraus (was sowieso nur Illusion ist). Es ist die Kraft der bedingungslosen Liebe, die – wenn wir sie erkennen – immer um uns und vor allem *in* uns zu finden ist. Diese Kraftquelle läßt uns alle unsere Niederlagen, Enttäuschungen, Verluste und Schmerzen ertragen, in der Gewißheit, daß wir niemals alleine sind. Das ist jene Kraft, die ich GOTT nennen würde.

In den letzten Jahren sind besonders die Auswirkungen der Nahtoderfahrungen auf die Entwicklung der Persönlichkeit zum Gegenstand systematischer wissenschaftlicher Untersuchungen geworden. Mediziner und Psychologen sprechen von dauerhaften Veränderungen in entscheidenden

Merkmalen von Lebenseinstellungen, Werthaltungen und Sozialverhalten Betroffener.
Es geht darum, was Nahtoderfahrungen bei Menschen, die auf verschiedene Weise damit konfrontiert sind, bewirken können. Diese besagten Folgen einer Nahtoderfahrung sind so gravierend und vor allen Dingen wirkend und heilsam, daß sie psychotherapeutische Bemühungen wie altertümliche Versuche aussehen lassen.

Auswirkungen

Melvin Morse, ein amerikanischer Kinderarzt, war der Pionier der Erforschung der transformierenden Wirkung von Nahtoderfahrungen. 1992 legte er eine Studie vor, die 15 Kriterien der Auswirkung einer Nahtoderfahrung enthält:
1. Menschen mit Nahtoderfahrung sind liebevoller und warmherziger als vorher.
2. Sie haben keine Angst mehr vor dem Tod.
3. Sie haben mehr Freude am Leben, erkennen den Augenblick des Hier und Jetzt und genießen ihn.
4. Bei zahlreichen Wissenden fand eine Wandlung zu paranormalen Fähigkeiten statt: Hellsichtigkeit, Prophetie, Zukünftiges im Traum sehen, Ereignisse durch innere Eingebung vorherwissen.
Ein Mann berichtet (1980), daß er in einem kleinen Restaurant saß, als ihn ein schreckliches Gefühl überkam, daß einem seiner Kinder etwas passiert sei. Er hatte das Gefühl, sofort zu Hause anrufen zu müssen.
»Ich ging telefonieren, und es stellte sich heraus, daß praktisch im selben Moment, wo mich dieses Gefühl überkam, mein Sohn auf dem Fahrrad eines Nachbarn die Straße hinunterfuhr und die Bremsen versagten ... Irgendwie war er über die Kreuzung gesaust, ohne daß ihn ein Fahrzeug

erfaßt hätte, und landete auf der anderen Seite in einem Straßengraben. Meine Frau konnte gar nicht glauben, daß unser Sohn nicht unter ein Auto geraten und tot war. Sie klang sehr erschrocken am Telefon und, wie sie sagte, war alles erst wenige Minuten, bevor ich anrief, passiert.«[25]
Eine junge Frau berichtete mir in einem meiner Seminare, daß sie den Tod ihres Ehemannes in einem Wahrtraum genau vorausgesehen habe. Einige Jahre zuvor hatte sie eine Nahtoderfahrung. Sie träumte etwa fünf Wochen vor dem Ereignis, daß ihr Mann einen Unfall haben würde und dabei ums Leben kommen würde. Sie sah sogar konkrete Bilder. Als in den folgenden Wochen nichts geschah, dachte sie, daß es nicht passieren würde. Nach fünf Wochen hatte ihr Mann einen schweren Autounfall und verstarb an der Unfallstelle.
Hellsichtigkeit, d. h. die geistige Welt sehen zu können bzw. Ereignisse, die in der Zukunft liegen oder Kontakte zu Verstorbenen treten nicht selten nach vollständigen Nahtoderfahrungen auf, d. h. vor allem nach der Lichterfahrung.
5. Einige sind zu höherer Intelligenz gelangt. Durch das Eingebundensein in die »Allwissenheit«, das »Ganze«, wo alles Wissen auf einmal zugänglich war, erreichten sie Einsichten in Gebiete, die ihnen vorher völlig unbekannt waren; z. B. wird ein früherer Bauarbeiter aufgrund seiner Erfahrungen während der Nahtoderfahrung zu einem berühmten Physikforscher u. ä.
6. Anscheinend werden einige Menschen durch eine Nahtoderfahrung sozusagen elektromagnetisch neu vernetzt, welches auch eine Erklärung dafür sein kann, daß einige keine Uhren tragen können, weil die Zeiger stehenbleiben oder über eine höhere Intelligenz verfügen oder daß Glühbirnen in ihrer Gegenwart zerspringen, weil sie die Spannung nicht aushalten.
7. Sie begreifen den tieferen Sinn des Lebens: Einsicht in

geistige Gesetzmäßigkeiten, sie werden spiritueller und aufgeschlossener allem Lebendigen gegenüber.
8. Nahtoderfahrungen bewirken bei Betroffenen einen dauerhaften Wandel. Noch nach 20 oder 30 Jahren steht das Erlebte klar vor Augen.
9. Erfahrung des geistigen Geborgenseins. Dadurch haben sie die Möglichkeit, sogenannte »Zufälle« oder »Synchronizitäten« zu erkennen, etwas, das im Grunde jeden betrifft, da nichts zufällig ist, was uns zustößt.
10. Materielle Dinge verlieren an Bedeutung.
11. Es erfolgt meistens eine Neuorientierung im geistigen bzw. religiösen Leben, und somit wird eine Nahtoderfahrung zu einem Katalysator für spirituelles Erwachen.
12. Aufgeschlossenheit für Reinkarnation.
13. Religion verschiebt sich in Richtung auf ein Offensein für Spiritualität schlechthin, bei nachlassendem Interesse an traditionellen Religionen.
14. Einige wurden durch die Strahlkraft des Lichts von ihren Krankheiten geheilt, z. B. von Krebs bis hin zum Nachwachsen von Gliedmaßen.
Hierzu ein besonders bemerkenswertes Beispiel aus der Praxis von Dr. D. Chopra:»Ich denke dabei an einen Patienten, dessen Erfahrung des Überschreitens seiner physischen Grenzen für ihn über Tod und Leben entschieden hatte: ›Das ganze vergangene Jahr hindurch war ich Zeuge einer Schlacht, die in meinem Körper tobte, aber in meinem Herzen bin ich wie das glücklichste, sorgloseste aller Kinder. Ich habe jenen Bereich meiner selbst gefunden, der durch meinen Krebs berührt werden kann. Ich bin so viel mehr als er, so sehr über ihn erhaben. Manchmal habe ich das Gefühl, völlig Herr über meine Krankheit zu sein, dann wieder widme ich ihr einfach keine Aufmerksamkeit. In beiden Fällen kann die Krankheit mein Gefühl, inmitten von Chaos und Zerstörung lebendig und heil zu sein, nicht beeinträchtigen.‹ Als Graig Reed diese Worte in einem

Brief niederschrieb, hatte man ihm kurz vorher seine Diagnose auf Krebs im Endstadium eröffnet. Den Brief zeigte er mir, nachdem er wieder gesund geworden war.«[26]

»Ein junger Mann aus Sachsen, der einen schweren Arbeitsunfall überlebte und tagelang an die Blutwäsche angeschlossen war, berichtet, er habe den Kampf von guten und bösen Körperviren mit eigenen Augen gesehen. Die bösen hätten beinahe gesiegt. Plötzlich sei jedoch ihr Anführer getötet worden, es wurde hell, und die guten konnten nun ihre Arbeit in Ruhe erledigen.«[27]

15. Einige haben Schutzengelerfahrungen, die sich auch später im Leben auswirken. Ebenso kann die Lichterfahrung in späteren spirituellen oder psychomatischen Krisen zu einer erneuten Erscheinung des Lichts führen.

Transformation

Der transformierende Charakter der Nahtoderfahrung hebt diese ganz besonders von anderen spirituellen Erfahrungen ab. Nicht selten ist die Heilung von schwersten Erkrankungen wie Krebs oder Aids.

Harald Juhnke berichtete mir in einem Gespräch, daß sich sein Alkoholproblem durch eine außerkörperliche Erfahrung im Koma von selbst erledigte.

Die energetische Neustrukturierung verbunden mit dem Wissen, daß der Tod nur ein Übergang in eine andere Form des Seins ist, läßt vor allem Ängste frei werden. Solange wir Menschen die Angst zur Richtschnur des Lebens werden lassen, begrenzen wir uns in unserem eigentlichen Sein. Wer seiner Angst ständig Nachdruck verleiht, setzt genau jene negativen Schöpferkräfte frei, die dafür sorgen, daß eben das, was am meisten gefürchtet wird, geschieht. Wenn sich beispielsweise eine Frau immer, wenn sie an einer dunklen Ecke vorbeigeht, vorstellt, daß sie vergewal-

tigt wird, so ist die Wahrscheinlichkeit sehr hoch, daß es ihr tatsächlich eines Tages passiert. Sie zieht diese Energien an und damit in ihr Leben.
Ein anderes Beispiel ist die übergroße Furcht vor Krankheiten, Verlusten, Schmerzen. Wir wollen Sicherheiten kaufen, die es nicht gibt. Wir werden zu Tyrannen über den eigenen Körper, wenn wir fanatische Gesundheitsapostel werden und unsere eigentlichen Bedürfnisse nicht mehr wahrnehmen, aus Angst krank werden zu können.
Im Laufe der letzten Jahre haben viele Psychologen die transformative Kraft der Nahtoderfahrung erkannt. So entwickelte man sogar Konzepte, die man in der Behandlung von suizidgefährdeten Menschen einsetzte – mit großem Erfolg! Viele Menschen, die dem Tod sozusagen »von der Schippe sprangen«, verfügten nun nicht nur über ein allumfassendes Wissen, sondern konnten es in ihrem Leben umsetzen.
Durch derartige massive Veränderungen reagiert die Umwelt mit Widerständen – aber auch die eigene Psyche. Spirituelles Erwachen führt nicht selten zu Übergangssymptomen, die mit Psychosen verglichen werden können. Lebhafte Träume, Halluzinationen und Gedankenirritationen verzerren eine derartige psychische Wiedergeburt zu einem wahrhaft höllischen Erlebnis. Die westliche Industriegesellschaft ist für derartige Notfälle nur wenig gerüstet. Ein spirituelles Erwachen kann ebenso durch den Verlust einer wichtigen Bezugsperson ausgelöst werden, wenn die Lebensumstände sich dramatisch verändern, durch bestimmte Meditationstechniken sowie durch bewußtseinserweiternde Drogen.
Durch eine Nahtoderfahrung oder eine spirituelle Krise werden alle bisherigen Vorstellungen radikal in Frage gestellt. Zwanghafte Selbstüberschätzung entlarvt sich als nicht eingestandene Todesangst und mangelndes Vertrauen zum Leben. Durch eine Nahtoderfahrung oder spiritu-

elles Erwachen fühlen sich die Betroffenen nicht länger bedroht, und die Fähigkeit zur Ich-Transzendenz kommt zum Einsatz. Die Nahtoderfahrung wird zur zentralen Lebenserfahrung, und der Gang nach innen kann gewagt werden. Sie wird zum kollektiven Wegweiser für die Reise hinter die engen Vorstellungen des furchtsamen Ego.

Ultimative Nahtoderfahrung

Die vorliegenden Berichte über die Lichterfahrung, dem innersten Zentrum der NTE, sind heute Teil des Allgemeinwissens über das Sterben geworden. Kenneth Ring hat jahrzehntelang die Nahtoderfahrungen unzähliger Menschen recherchiert, ausgewertet und analysiert. Dabei entdeckte er, daß es Menschen gibt, die während einer Nahtoderfahrung die allgemein bekannten Bereiche weit hinter sich gelassen haben. Sie sind über das Licht hinausgereist und berichten von der Existenz eines zweiten Lichts, welches eine Art endgültiges Licht darstellt, nämlich unser aller Quelle. Es ist der Ort, von dem wir kommen und zu dem wir immer wieder zurückkehren. Diese Quelle aller Schöpfung, aus der absolute Liebe und vollkommenes Wissen ewig fließen, ist das Urlicht GOTTES. An diesem Ort sind wir wieder zu Hause und werden daran erinnert, daß wir auch auf Erden mit GOTT vereint sind, daß wir als Menschen göttlicher Natur sind und es nur vergessen haben. Die Wiedervereinigung mit der Quelle der Schöpfung, das Eintauchen in GOTTES bedingungslose Liebe, ist die Seligkeit schlechthin und in menschlichen Worten kaum auszudrücken. Dieses ultimative Licht ist der Ursprung aller Wesen und Dinge.
Die Berichte, die über die herkömmlichen Nahtoderfahrungen hinausgehen, offenbaren ein strahlendes Universum und führen in den letzten Ursprung der Schöpfung.

Kenneth Ring stellt einige davon in seinem Buch »Im Angesicht des Lichts« vor. Danach hat Mellen-Thomas Benedict eine der erstaunlichsten Nahtoderfahrungen gemacht. Bemerkenswert ist in diesem Zusammenhang allerdings die unstillbare Neugier, die Mellen auszeichnet. Er wollte alles über das Wesen der Realität erfahren und stellt dann seine Fragen in Gegenwart des Lichts. Sie werden ihm beantwortet.

Viele Menschen, die spontane Nahtoderfahrungen erleben, sind viel zu überrascht von der Tatsache der bewußtseinserweiternden Erfahrungen und werden gleichzeitig auch mit ihren Ängsten vor der Auslöschung konfrontiert. Einiges deutet daraufhin, daß es die besondere Geistesgegenwart und Unerschrockenheit von Mellen-Thomas Benedict war, die ihm diese ultimative Erfahrung ermöglichte. Wir erleben genau das, was im Augenblick des Übergangs in unserem Bewußtsein manifestiert ist, erschaffen also auch die jenseitige Realität mit der Kraft unserer Gedanken.

Mellen litt an einer nicht diagnostizierbaren Krankheit des Gehirns, und die Ärzte gaben ihm nur noch sechs Monate zu leben. Während er im Krankenhaus lag, »starb« er für mehr als eineinhalb Stunden: Er verläßt seinen Körper, nimmt sich selbst wahr, sieht einen Pfad, an dessen Ende ein Licht erscheint, das immer größer wird. Mellen erlebt eine Lebensrückschau und entdeckt dabei, daß er mit dem Licht in Interaktion treten kann. An manchen Stellen der Lebensrevision ruft er ›Stop!‹, und die Bilder halten tatsächlich an. Er bewegt sich auf das Licht zu. Er will wissen, was das Licht wirklich ist. »... Und da zeigte sich mir das Licht auf einer Ebene, auf der ich noch nie gewesen war. Ich kann nicht sagen, daß es Worte waren; es war mehr als alles andere, ein sehr lebhaftes telepathisches Verstehen.«

Mellen hat einen immer stärkeren Wissensdurst, je mehr

er ins Licht hineingeht.«Und ich wurde *in* das Licht gebracht und zu meiner Überraschung durch es hindurch, bumm! ... Es kam mir vor, als würde ich irgendwohin getrieben. Ich weiß nicht, ob ich mich im Weltraum bewegte, aber plötzlich sah ich, wie die Welt davonflog. Ich konnte sehen, wie das Sonnensystem davonflog. Dann sah ich Galaxien – und es ging immer weiter. Schließlich bekam ich das Gefühl, daß ich durch alles hindurchging, was je gewesen war ... Und es fühlte sich an, als würde ich mich mit rasender Geschwindigkeit bewegen, aber ich glaube, in Wirklichkeit war es mein Bewußtsein, das sich ungeheuer schnell erweiterte. Es geschah alles so schnell, aber es war auch so detailliert, daß ein weiteres Licht auf mich zukam (!) ... Und als ich *dieses Licht* traf, war es, als würde ich mich auflösen oder so. Und in diesem Augenblick verstand ich, daß ich zum Urknall kam. Das war das erste Licht überhaupt, und ich flog *durch* den Urknall. Das war es, was passierte! Ich flog durch diese Membrane in dieses – was man im Altertum ›Leere‹ nannte, glaube ich. Plötzlich war ich in dieser Leere, und ich war mir aller Dinge bewußt, die jemals erschaffen worden waren. Es war, wie wenn ich durch GOTTES Augen schaute. Ich war GOTT geworden. Plötzlich war ich nicht mehr ich selbst. Das einzige, was ich sagen kann, ist, daß ich mit GOTTES Augen schaute. Und plötzlich wußte ich, warum jedes Atom war, und ich konnte alles sehen. Und ich blieb in diesem Raum, ich weiß nicht, wie lange. Und ich weiß, daß dort etwas sehr Tiefgehendes geschah. Und dann lief die ganze Erfahrung rückwärts ab. Ich flog durch den Urknall zurück, und an diesem Punkt begriff ich, daß alles seit dem Urknall, seit dem, was ›das erste Wort‹ genannt wird, eigentlich die erste Schwingung ist. Bevor es irgendeine Schwingung gab, gab es einen Ort ... Als ich wieder zum ersten Licht zurückkam, ... war es wie eine Umkehrung, aber dieses Mal sah ich alles in seiner energetischen

Form, in seiner reinen Essenz, so als ob ich alles als atomare Form sehen könnte. Das war ein Anblick! Das gesamte Universum, so wie wir es kennen, als Energieform zu sehen, wo alles mit allem in Interaktion war, und alles hatte seinen Platz und Reaktionen und Resonanzen.«[28]

Wir sind alle ein Teil des Ganzen, ein Teil von GOTT. Als Mellen sich in der Leere aufhielt, hatte er das Gefühl, daß er ein Bewußtsein hatte, noch *bevor* es erschaffen wurde. Wir alle entstammen dieser ewigen Quelle des Seins. Hier offenbart sich das Geheimnis der Leere, aus buddhistischer Sicht auch »Nirwana« genannt. Dieser Ort ist das Einssein mit GOTT. Alle Dinge sind in einem kosmischen Netz organischer Einheit miteinander verbunden. Alles im sichtbaren und unsichtbaren Universum verweist auf die immanente Gegenwart GOTTES. Aus der Leere entfaltet sich das strahlende Licht als Ursprung allen Seins. Wir als menschliche Wesen und alle anderen Lebewesen bilden ein untrennbares Ganzes und sind dabei nie getrennt von GOTT. Wir sind seine Manifestationen. Deshalb sind wir Schöpfer unserer eigenen Wirklichkeit durch die Kraft der Gedanken.

In einem weiteren Beispiel von Norman Paulsen kam es durch eine tiefe Meditation zu einer Reise ans Ende des Universums. »Ich dehne mich kugelförmig aus, bewege mich mit unglaublicher Geschwindigkeit in alle Richtungen gleichzeitig ... Jetzt ist überall um mich herum das Licht der Schöpfung im Überfluß. Ja, deine Bilder schweben direkt durch mich hindurch – Sternensysteme, Galaxien, Universen. Ich existiere in ihnen und sie in mir ... Ekstase, ich fühle mich jenseits der Grenzen von allem, was ich je wahrgenommen habe.«[29]

Auch Paulsen erkennt, daß er ein Teil des ewigen Lebens und Bewußtseins ist. Er kehrt in seinen Körper zurück, und er nimmt wie Mellen die Reise umgekehrt wahr. In beiden Beispielen ist die Bewußtseinserweiterung auffallend, die

so weit möglich ist, daß sie das gesamte Universum erfaßt. Das mag vielen Menschen unvorstellbar erscheinen, aber der göttliche Funke in jedem von uns zeigt uns Möglichkeiten auf, die unbegrenzt sind. Alles ist eine Frage der freien Wahl. Im Zentrum des Lichts, im Einssein mit GOTT und dem gesamten Kosmos, wird jede Lebensfrage beantwortet. Diejenigen Menschen, die von dieser ultimativen Nahtoderfahrung zurückkehren, sind Boten, die uns daran wiedererinnern können, was im Grunde tief in unserer Seele eingraviert ist. Das absolute Wissen im Kern aller Dinge ist Liebe. Liebe und Wissen sind das einzige, was wir aus unserem Leben mitnehmen können. Schließlich stellt sich die Frage, wie wir dieses Wissen in unserer Alltagsrealität umsetzen können. Vergessen wir nie, daß es für alles, was geschieht, einen Grund gibt, auch wenn es uns in der physischen Welt noch so schrecklich erscheint.
Auch Beverly Brodsky erlebte die ultimative Nahtoderfahrung. Hören wir von ihrer Begegnung mit dem zentralen Licht: »... Ich erhielt mehr als nur Antworten auf meine Fragen; alles Wissen entfaltete sich vor mir wie das gleichzeitige, plötzliche Aufblühen einer unendlichen Zahl von Blumen. Ich war erfüllt vom Wissen GOTTES, und in diesem kostbaren Aspekt seiner Wesenheit war ich eins mit ihm. Aber meine Entdeckungsreise war erst am Anfang. Nun wurde mir eine außergewöhnliche Reise durch das Universum zuteil. In einem Augenblick gelangten wir zu dem Zentrum, in dem die Sterne geboren werden, Supernovas explodieren und viele andere himmlische Ereignisse stattfinden, für die ich keinen Namen habe. Der Eindruck, den ich heute von diesem Trip habe, ist der, daß es sich anfühlte, als sei das Universum ein einziges riesiges Objekt, das aus demselben Grundstoff besteht. Raum und Zeit sind Illusionen, die uns auf unserer Ebene festhalten; dort draußen ist alles simultan gegenwärtig ...« Schließlich hört bei Beverly jedes äußere Sehen auf und alles um sie

herum verblaßte. »..., bis auf eine volle, reiche Leere, in der er und ich alles, was ist, umfaßten. Hier erfuhr ich in unbeschreiblicher Herrlichkeit die Gemeinschaft mit den Lichtwesen. Nun war ich nicht nur von allem Wissen erfüllt, sondern auch mit aller Liebe. Es war, als würde sich das Licht in mich und durch mich ergießen. Ich war Gottes Objekt der Anbetung; und seine/unsere Liebe schenkte mir Leben und Freude jenseits aller Vorstellung. Mein Wesen wurde verwandelt. Meine Verblendungen, Sünden und Schuld wurden vergeben und geläutert, ohne daß ich darum bat: Nun war ich Liebe, ursprüngliches Sein und Glückseligkeit. Und in einem gewissen Sinne bleibe ich dort auf ewig. Eine solche Vereinigung kann nicht mehr gelöst werden. Sie war immer, ist immer und wird immer sein.«[30]

Daß ein solches Erleben das ganze Leben radikal verändert, ist offensichtlich. Beverly sieht heute ihr restliches Leben als eine flüchtige Phantasie an. Die ultimative Nahtoderfahrung bietet Trost für alle, die Trauer oder Angst haben: Es gibt keinen Tod, und die Liebe endet nie. Wir sind Teile eines vollkommenen Ganzen. Wir gehören GOTT und einander, und wir kehren alle viele Male in den Ursprung des Seins, dem Einssein mit GOTT in der Leere zurück. Wir alle sind Gottes Kinder, die für die kurze Dauer des Hierseins auf Erden im Grunde nur der Lektion der bedingungslosen Liebe bedürfen. Nur durch Liebe können wir geistig und seelisch wachsen.

3. Kapitel
Sterbebettvisionen

In diesem Kapitel erfahren Sie

- wie sich der Tod dem Sterbenden ankündigt

- von den Visionen Sterbender als Begegnung mit bereits Verstorbenen oder Geistwesen

- woher sich die häufig beobachtete Aufhellung des Gesundheitszustandes kurz vor dem Tod ergibt

- etwas über die Wahrnehmungen sterbender Kinder

Boten des Todes

Die eigentlichen Boten des Todes sind veränderte Wahrnehmungswelten bzw. Bewußtseinserweiterungen in Form von Todesphantasien, Engelerscheinungen, Reden des Sterbenden mit bereits Verstorbenen u. ä. Der heutige Mensch neigt dazu, diese Ereignisse als Ergebnis des körperlichen Verfalls zu interpretieren, wobei diese Beobachtungen mit Halluzinationen, geistiger Verwirrung oder Folge von starken Medikamenten bewertet werden.
Erscheinungen auf dem Sterbebett, die die Sterbenden sehen, werden hauptsächlich als Helfer erlebt, die ihnen beim Übergang in eine andere Form des Seins beistehen.
»Eine etwa 50 Jahre alte Herzpatientin wußte, daß sie am Sterben war und befand sich in einer mutlosen und deprimierten Stimmung. Plötzlich hob sie die Arme und öffnete die Augen weit; ihr Gesicht leuchtete auf, als ob sie jemanden sähe, den sie lange Zeit nicht mehr gesehen hatte. Sie sagte: ›Oh, Katie, Katie!‹ Die Patientin war plötzlich aus einem komaartigen Zustand erwacht, sie schien glücklich und starb unmittelbar nach der Halluzination. Es gab mehrere Katies in der Familie dieser Frau: Eine Halbschwester, eine Tante und eine Freundin. Alle waren bereits gestorben.«[31]

Die Visionen von Verstorbenen dauern häufig zwischen fünf bis 15 Minuten. Der Tod erfolgte ein bis sechs Stunden danach bzw. innerhalb eines Tages nach der Vision.
Ein weiteres typisches Beispiel für die Erscheinungen als Helfer zum Übergang ist der Fall eines elfjährigen Mädchens, das eine angeborene Herzkrankheit hatte: »Ihre Krankheit war wieder einmal in einer schlimmen Phase, als sie berichtete, daß sie ihre Mutter in einem hübschen weißen Kleid sah, und daß ihre Mutter gerade so ein Kleid für sie hatte. Sie war sehr glücklich, lächelte und bat mich, sie aufstehen und dort hinübergehen zu lassen. Ihre Mutter war bereit, sie mit auf die Reise zu nehmen. Die Vision dauerte eine halbe Stunde. Sie versetzte das Mädchen in einen heiteren und friedvollen Zustand.« Ungewöhnlich ist der Umstand, daß sie die Mutter nie gekannt hat, da sie bei ihrer Geburt verstarb. Und doch war die Mutter in der letzten Stunde da.[32]
Die Visionen Sterbender beeinflussen nicht nur den Sterbenden selbst positiv, sondern können auch den Angehörigen das Leben erleichtern. Todesvisionen können das Leid der Patienten wie auch der Familie lindern, wenn man sie zuläßt. Seit Jahrtausenden sind sie ein natürlicher Bestandteil des Sterbeprozesses, bis man den Tod ins Krankenhaus verbannte.
Patienten, die Todesvisionen erleben, werden aus Angst mit Narkotika und Valium behandelt. Beide löschen das Kurzzeitgedächtnis und damit jede Erinnerung an irgendwelche Visionen oder Todesnäheerfahrungen, die ein Patient haben könnte.
Die gängige Praxis in den Großkrankenhäusern ist leider nicht, Visionen als Befreiung anzusehen, sondern als medizinisches Problem, das Behandlung erfordert. Dabei könnten sie uns helfen, dem Patienten zuzuhören, und wir könnten neue Wege finden, ihnen in diesen schlimmsten Stunden beizustehen. Wenn alle medizinischen Möglich-

keiten ausgeschöpft sind, bleibt die Erkenntnis, daß wir *wissen*, wann wir sterben. Das Wissen um die Visionen auf dem Sterbebett kann dazu beitragen, den Sterbenden in Würde gehen zu lassen.

»Die Ankündigungen des Todes, das Geheimnis dieser Offenbarung als Hinweis für unser eigenes Leben, alle metamorphischen Lebensäußerungen schlechthin, werden nicht wahrgenommen oder für Unfug gehalten. Dabei sind sie das bedeutsamere Geschehen an einem Sterbebett. Auf sie können wir jedoch nicht hören, wenn wir zum Zeitpunkt ihres Erscheinens damit beschäftigt sind, ein neues, ultramodernes Sterbebett zu bestellen oder den Schwerstkranken zweimal am Tag zu waschen.«[33]

Da die Medizin die Tatsache ignoriert, daß der Sterbeprozeß immer Visionen und Todesahnungen enthält, wurde es verabsäumt, neben den medizinischen Techniken passende Rituale zu entwickeln, die helfen, mit dem langsam verlaufenden Tod umzugehen. Der wissenschaftliche Materialismus verneinte die Existenz von Vorahnungen, Todesnäheerfahrungen oder Todesvisionen, wobei die Wissenschaft ihre Existenz nicht widerlegen konnte, sie aber schlicht und einfach ignorierte. Universelle Wahrheiten, die über Jahrtausende tradiert wurden, gelten vielen als groteske, verrückte Einzelerlebnisse. Man versucht Patienten zu überzeugen, daß sie schlecht träumen oder halluzinieren, oder es wird alles in die Kategorie »Alptraum« abgestempelt. Es wird weithin angenommen, daß Menschen, die im Sterben liegen, den Lebenden nichts mehr mitzuteilen haben.

Melvin Morse schreibt in seinem Buch »Zum Licht«: »Sterberituale sind aus unserem Alltag verschwunden. Todesvisionen sind vergessen oder als Halluzinationen verworfen worden. Die Lüge aus Mitleid schützt jeden gegen das Unvermeidliche. Die Medizin – fähig, nicht funktionierende Organe durch Maschinen zu ersetzen – hat die Religion als Schlüssel zur Unsterblichkeit längst abgelöst.«[34]

Und – um noch einen Schritt weiterzugehen – es wird uns suggeriert, in wenigen Jahren unsterblich im Körper leben zu können Dank der »Segnungen« der Gentechnologie. Bei Licht betrachtet ist das eine Horrorvision pur, da die Gesellschaft schon heute an Überalterung leidet, und andererseits bleibt es nichts als eine Wunschvorstellung des Machbarkeitswahns. Ein Blick in ein beliebiges biologisches Lehrbuch über den Menschen belehrt uns, daß der ewige Kreislauf der Natur auch mit noch so vielen Manipulationen nicht zu verändern ist: Der Mensch ist und bleibt sterblich, und es ist wichtig, diese Tatsache zu akzeptieren und ins Leben zu integrieren. Das hilft uns, geistige Dinge am Sterbeort besser wahrzunehmen.

Paßwörter auf dem Sterbebett

Das Geschehen auf dem Totenbett ist universell und interkulturell beobachtbar für jeden einzelnen von uns. Die sogenannten »Paßwörter« früherer Generationen waren tröstlich und erleichterten den Abschied, weil sie auf ein Leben nach dem Tod hinwiesen. Sie sind auch heute noch beobachtbar, wenn wir sie denn hören wollen oder überhaupt wahrnehmen.
Todesvisionen werden von Sterbenden bei vollem Bewußtsein als äußerst reales Ereignis erlebt. Dieses Phänomen wird vor allem bei langsam Sterbenden beobachtet. Wenige Tage oder Stunden vor ihrem Tod entstehen vor ihrem geistigen Auge Visionen von einem paradiesischem Leben nach dem Tod. Vorangegangene Angehörige erscheinen ihnen, und auch Lichtphänomene können in Form von Gottes-, Jesus- oder Engelbegegnungen auftreten.
Auffällig sind unerklärliche Stimmungsumschwünge bei Sterbenden. Nicht selten stellt sich ein Zustand von Ver-

zückung, Freude oder Heiterkeit ein. In einer von zwei Psychiatern veröffentlichten Studie (Osis/Haraldson, »Der Tod – ein neuer Anfang«) sind über 1000 Fälle interkulturell untersucht worden (nämlich in Amerika und als Vergleich in Indien, um die Daten abzusichern). Es treten oft die gleichen Merkmale auf:
Der Patient ist bei klarem Verstand, nimmt seine Umgebung wahr und befindet sich nicht in einem Dämmerzustand. Das Erlebnis ist oft außergewöhnlich stark und wirkt sich tiefgreifend auf den Patienten, manchmal sogar auf das anwesende Personal aus. Das Erlebnis kommt vollkommen unerwartet (die Patienten sind erstaunt über das, was ihnen da geschieht) und wird von den verantwortlichen Ärzten und Schwestern oft als medizinisch unerklärlich bezeichnet. Diese Visionen können weder durch medizinische, psychologische oder kulturelle Bedingungen wegdiskutiert werden. Sie sind unabhängig von Alter, Rasse, Geschlecht, Erziehung, sozialen Bedingungen und Religion. Des weiteren ergab sich bei der Auswertung des Gesamtmaterials, daß Sterbende niemals Visionen von noch lebenden Personen hatten.

Wahrnehmungen sterbender Kinder

Elisabeth Kübler-Ross kam nach ihrer zehnjährigen Arbeit mit sterbenden Kindern ebenfalls zu der Festellung, daß kein einziges dieser Kinder Vater oder Mutter sah – was ja nicht weiter erstaunlich wäre –, sondern einwandfrei immer bereits Verstorbene oder sonstige Geistwesen.
Dazu passen an dieser Stelle zwei Beispiele von Elisabeth Kübler-Ross aus ihrem Buch: »Kinder und Tod«: »Ein Kind, das während einer äußerst kritischen Herzoperation beinahe gestorben wäre, erzählte seinem Vater, daß es von einem Bruder empfangen wurde, bei dem es sich so wohl

gefühlt habe. Es war, als hätten sie sich gekannt und das Leben miteinander verbracht. Sie hatte jedoch nie einen Bruder gehabt. Ihr Vater war vom Bericht seiner Tochter sehr bewegt und erzählte, daß sie sehr wohl einen Bruder gehabt habe, der jedoch vor ihrer Geburt gestorben war.«
Ein weiteres Zitat: »Einer Indianerin, die auf der Autobahn von jemandem überfahren wurde, der dann Fahrerflucht beging, und die kurz darauf starb, wurde von einem Fremden Beistand geleistet, der sein Auto anhielt, um ihr zu helfen. Er fragte sie, ob er irgendwas für sie tun könne, ... doch dann besann sie sich und äußerte eine Bitte: ›Wenn Sie in die Nähe des Indianerreservates kommen, sagen Sie bitte meiner Mutter, daß es mir gutgeht, ich bin sogar sehr glücklich, weil ich schon bei meinem Vater bin.‹ Wenig später starb die Frau. Der gute Samariter fuhr einen großen Umweg ins Indianerreservat. Dort erzählte ihm die Mutter des Opfers, daß ihr Mann eine Stunde vor dem Unfall an Herzversagen gestorben war, in einer Entfernung von 700 Meilen! Ist das ein Zufall? Ich glaube nicht.«[35]

4. Kapitel

Die Höllenerfahrung

In diesem Kapitel erfahren Sie

- was eine Höllenerfahrung ist und wie diese zustande kommt

- von Höllenvisionen als Begegnung mit der eigenen Angst

- daß Orte und Dimensionen der Hölle eigene Gedankenkonstrukte sind

- von den drei Unterteilungen der unangenehmen Todeserfahrungen

- wie sich anfänglich negative Erlebnisse häufig in positive Lichtbegegnungen verändern

Was ist eine Höllenerfahrung?

Neben den allseits bekannten positiven Nahtoderfahrungen gibt es gelegentlich auch außerkörperliche Erfahrungen, die in die dunklen, finsteren, dämonischen Bereiche des Jenseits führen.

Schon Raymond Moody beschreibt in seinem zweiten Buch »Nachgedanken über das Leben nach dem Tod« Erfahrungen von umherirrenden Geistern, die sich nicht von der Erde völlig lösen konnten.

Eine Frau, die diese Geister in ihrer großen Verwirrung sah, sagte zu Moody folgendes: »... Aber als ich vorüberzog, war da so eine trübe Zone – ganz im Gegensatz zu all der strahlenden Helligkeit vorher. Dem Aussehen nach waren diese Gestalten viel menschenähnlicher als alle übrigen, bei denen man in diesen Kategorien gar nicht mehr denken kann. Der Kopf war tief gesenkt. Ihre Gesichtszüge waren voller Trauer und Verzweiflung. Sie schienen sich schleppend zu bewegen, als wären sie ein Sträflingstrupp in schweren Ketten. Sie schienen in dem Gedanken gefangen: ›Es ist ja doch alles vorbei. Was soll ich bloß machen? Welchen Sinn hat das alles?‹ In ihrem Verhalten lag nur diese absolute, niederdrückende Hoffnungslosigkeit ohne die leiseste Ahnung, was sie tun oder wohin sie gehen sollten, wer sie waren und was sie hier sollten. Sie schienen von gar nichts ein Bewußtsein zu haben, weder

von der Körperwelt noch von der Geisterwelt. Sie schienen irgendwo dazwischen festzusitzen, waren weder im Geistigen noch im Körperlichen. Es muß auf einer Zwischenstufe gewesen sein.«[36]
Eine sehr ausführliche Höllenerfahrung aufgrund eines Suizidversuches hat Angi Fenimore vorgelegt. Statt dem erwarteten Lichterlebnis »... war alles schwarz, als schwebte ich im Weltall, und kein Stern würde leuchten. Die Dunkelheit erstreckte sich in alle Richtungen und schien endlos, aber sie war nicht nur schwarz, sie war auch leer, ohne Licht. Ich wußte, daß sie ihr eigenes Leben und ihren eigenen Zweck hatte. Sie umgab mich vollkommen. Sie war lebendig, diese Finsternis, und sie besaß eine Art von Intelligenz, die absolut negativ, ja böse war. Sie saugte an mir, zwang mich, zu reagieren und verwandelte meine Reaktion dann in Angst und Grauen. Ich hatte in meinem Leben Schmerzen und Verzweiflung zu ertragen, die so groß waren, daß ich kaum noch handlungsfähig war, aber die drückende Qual dieser Beziehungslosigkeit war unvorstellbar. Was war dieser Ort? Ich wußte, daß ich in einem Bereich der Hölle war.«[37] Schließlich aber sieht sie ein Licht durch den dunklen Nebel scheinen und hat dann intensive Begegnungen mit Gott und Jesus. Fenimore kommt zu dem Schluß, daß die Hölle zwar auch eine bestimmte Dimension ist, vor allem aber ein Geisteszustand. Es ist immer die eigene innere Hölle, die wir uns schaffen und dann nach dem Tod möglicherweise neu kreieren. Da der Tod nur ein Übergang ist und wir uns häufig der Macht unserer Gedanken nicht ansatzweise bewußt sind, wird die jenseitige Erfahrung vor allem darauf begründet sein, festzustellen, daß das, was wir denken, sich umgehend manifestiert.
George Ritchie, ein amerikanischer Psychiater, der 1943 ein Todeserlebnis hatte und Raymond Moody den Impuls gab, seine Studien über das Leben nach dem Tod zu be-

ginnen, schreibt in seinem Bericht »Rückkehr von Morgen« auch über die Erfahrung der Hölle. Er beschreibt ganz unterschiedliche Dimensionen der Hölle. Neben dem Gebundensein an die irdische Welt gab es noch andere Arten von Ketten: »Hier gab es keine Dinge oder Menschen aus festen Substanzen, die die Seele fesseln konnten. Diese Kreaturen schienen an Gewohnheiten der Sinne und Gefühle, an Haß, Lust und zerstörerischen Gedanken und Vorstellungen gebunden zu sein. Was jemand dachte, ob flüchtig oder unwillig, war sofort um ihn herum für alle sichtbar, vollständiger als Worte es hätten ausdrücken können, schneller als der Schall.«[38] Und doch erblickt Ritchie über diesen Unglücklichen Lichtgestalten, und diese Wesen sind auch im Leben stets gegenwärtig. Die geistig von Gott getrennten sind solange tot, bis sie in sich selbst einen Punkt finden, zu erwachen. Ritchie konstatiert:
»Und plötzlich erkannte ich, daß es eine gemeinsame Erklärung für all die Szenen gab, die ich bisher gesehen hatte. Es war der Mangel, Jesus erkennen zu können. Ob es ein körperliches Verlangen war, ein irdischer Wunsch, ein Vertieftsein in das Selbst – ganz gleich, was seinem Licht auch in den Weg trat, es schuf eine Trennung, in die wir mit dem Tod eintreten.«[39]

Begegnung mit der eigenen Angst

Einiges deutet darauf hin, daß dieses negative Erleben während des Übergangs vom Tunnel, an dessen Ende das Licht ist, die Begegnung mit der eigenen Angst darstellt. Auf dieser Reise durchqueren die Menschen die sogenannten Höllenlandschaften, begegnen Dämonen oder dem »Bösen«, dem Teufel, Satan. Sie sehen Wesen, die in dieser Finsternis vor sich hin zu vegetieren scheinen. Die außerkörperliche Reise der Seele durch den Tunnel kann die höchste Prüfung symbolisieren: Die Erfahrung einer scheinbar endlosen physischen und emotionalen Pein. Das Individuum leidet unvorstellbare Qualen, die an diesem Punkt die einzige Realität sind. Erst wenn die Situation *völlig akzeptiert* wird, hat die Seele die Hölle erfahren und die Reise geht weiter.

Die Hölle ist nichts weiter als ein Durchgangsstadium im Zyklus von Tod und Wiedergeburt. Die Elemente von Gefangenschaft, äußerstem Druck, ärgsten Foltern, Finsternis und Todesangst entsprechen den wichtigsten Merkmalen der biologischen Geburt. Die Grundvorstellungen der Menschheit vom Leben nach dem Tod der verschiedenen ethnischen und religiösen Gruppen sind in bezug auf die Vorstellung eines Jenseits als Himmel oder Hölle überall dieselben.

Die moderne Bewußtseinsforschung hat durch die Methoden psychedelischer Sitzungen, dem holotropen Atmen oder auch spontanen Visionen und Bewußtseinserweiterungen herausgefunden, daß ekstatische und höllische Erlebnisse entweder völlig abstrakter Natur sind oder aber konkret Bilder von Himmel und Hölle aufweisen. Dieses wurde durch die Nahtoderfahrungen bestätigt. Immer mehr Menschen berichten von archetypischen Bildern himmlischer Landschaften, Städten des Lichtes oder lichtvollen Gärten etc., aber eben auch von Erfahrungen, die sie als negativ, dämonisch, Leere, als das Böse etc. empfinden.

Die amerikanische Psychologin Edith Fiore, die als Rückführungstherapeutin arbeitet und sich dem Spezialthema »Besessenheit durch Geister« in jahrzehntelanger Arbeit gewidmet hat, erklärt, daß die meisten Todeserlebnisse, an die sich ihre hypnotisierten Patienten erinnerten, durchweg positiv waren und eine Lichtbegegnung beinhalteten. Daneben fand sie aber auch negative Erlebnisse: »Andere waren anders. Anstelle eines sanften Übergangs von einer

Welt zur anderen erinnerten sich einige tatsächlich, voller Angst vor dem Licht geflohen zu sein oder sich von ihren verschiedenen Verwandten (im Geiste) oder Führern abgewendet zu haben. Viele waren sich ihres Todes nicht bewußt, da sie sich lebendig fühlten, und sie waren total verwirrt oder verängstigt, besonders, wenn sie sich bei den Lebenden nicht bemerkbar machen konnten. Diese Individuen blieben erdgebunden – gebunden an die physische Ebene – trotz der Tatsache, daß sie gestorben waren.«[40]

Die häufigsten Gründe für Erdgebundenheit sind Unwissenheit, Angst, zwanghafte Bindung an Personen und Orte, Sucht in jeder Form oder auch unvollendete Geschäfte und Rachsucht.

Es scheint, daß alle Geister schließlich ins Licht gehen, selbst wenn sie jahrzehntelang auf der physischen Ebene kleben blieben. Hier zeigt sich ein weiteres Mal, daß die Hölle ein Bewußtseinszustand ist und wir selbst unser eigener ärgster Feind sind. Auch nach dem Tod lassen einige nicht los. Bei Selbstmördern wurde festgestellt, daß viele als körperlose Wesen zurückblieben und sich ebenso deprimiert fühlten wie vor ihrem Tod – bis sie von Geisthelfern gerettet wurden, oder sie besetzten ahnungslose Lebende. Hingegen gingen andere, die sich umbrachten, sofort ins Licht.

Gedankenkonstrukte

»Wenn wir uns entscheiden, in Dunkelheit zu leben«, schreibt das bekannte englische Medium Rosemary Althea, »auf der Erde oder nach unserem Tod – wenn wir es zulassen, daß das Licht schwächer wird, dann sind wir es, die freiwillig einen dunklen Ort aufsuchen. Wir haben in allen Fällen die Wahl. Ich will damit sagen, daß es keine Höllenfeuer gibt, außer denen, die wir uns selbst bereiten.«[41]

Die Orte oder Dimensionen der Hölle, die von Seelenreisenden geschaut werden, sind nichts anderes als Gedankenkonstrukte von Seelen, die sich im Lauf ihres Erdendaseins sehr stark mit ihren Kontrolldramen und schlechten Gewohnheiten identifiziert haben, um das Mysterium und die Unsicherheit des Lebens zu verdrängen. Sie erwachen darum nicht nach dem Tod, weil sie das Licht nicht sehen oder ertragen können, da die irdischen Identifikationen übermächtig sind. Sie konstruieren durch ihre Gedanken realistisch wirkende Illusionen, um noch im Jenseits ihre gewohnte Umgebung beizubehalten. Es ist eine Reaktion, um die Angst vor dem Verlust der Kontrolle des Gewohnten nicht zu verlieren. Durch die Herausforderungen des Erdenlebens kommen routinierte Verhaltensweisen immer vor den Fall. Gleichzeitig kommt immer dann, wenn man sich am Ende fühlt, die unterdrückte Angst zum Vorschein. In diesen existentiellen Krisen bietet sich die Möglichkeit zu erwachen und geistig-seelisch zu wachsen durch Gottvertrauen – oder aber in alte Mechanismen zurückzugleiten und neue Ablenkungen zu suchen. Es geht um die Erkenntnis, daß der Ursprung allen Bösens die menschliche Angst ist, welche stets die bizarrsten und kriminellsten Verhaltensformen zeitigt, um diese Angst zu unterdrücken oder abzuschütteln. Hinzu kommt, daß wir alles Schreckliche und Böse auf eine Macht außerhalb von uns zu projizieren gewohnt sind: Satan oder Teufel oder Luzifer. In Wirklichkeit existiert diese Macht nur in uns selbst. Begegnen wir in veränderten Bewußtseinszuständen oder Nahtoderfahrungen dann diesen dunklen Bereichen der menschlichen Seele, die aber Gedankenkonstrukte sind, so beinhaltet die Erscheinung von Dämonen oder Teufeln stets die Begegnung mit der Angst. Insofern ist die Hölle als Bewußtseinszustand immer ein Durchgangsstadium, um

zu höherer Erkenntnis des Göttlichen zu gelangen. An dem tiefsten Punkt der Angst vor der »ewigen« Qual ist das Gottvertrauen des Individuums auf dem Prüfstand. Es ist die freie Entscheidung für oder gegen die Liebe!
Somit gibt es zwei Arten von Seelen: »Die einen sind erweckt und werden von Liebe motiviert, die anderen werden von Angst getrieben und sind in zwanghaften Trancezuständen aller Art steckengeblieben. Dabei dürfen wir den ängstlichen Seelen nicht ihren Wert und ihre Menschlichkeit absprechen. Sie sind keine Dämonen oder Teufel, sondern vollziehen einen sehr langsamen Wachstumsprozeß, genau wie wir.«[42]

Die drei Kategorien der Höllenerfahrung

Die *International Association for Near Death Studies* unterteilte die unangenehmen Todeserfahrungen in drei Kategorien:
1. Kategorien, die positiven ähneln, aber von den erlebenden Menschen anders interpretiert werden. Sie fürchten, die Kontrolle über sich zu verlieren.
2. Das Gefühl der Leere, in einem Nichts eingefangen zu sein, fördert Verlassenheits- und Verzweiflungsgefühle sowie ein Gefühl von Nichtexistenz.
3. Die Gruppe, die wirklich unschöne Dinge sah und die dieses als Hölle bezeichnete.
Der erste Typus wendet sich also nach anfänglich negativem Erleben zum Guten, sobald die Situation akzeptiert werden kann. Das wird im folgenden Beispiel deutlich: »Infolge von Komplikationen nach der Geburt ihres dritten Kindes hatte eine Sekretärin wegen ihrer unerträglichen Schmerzen eine Anästhesie bekommen. ›Auf einmal wurde ich aus meinem Körper herausgezogen‹, berichtet sie. ›Ich sah dem Arzt und einer Krankenschwester von der

Zimmerdecke aus zu, wie sie sich an meinem Körper zu schaffen machten. Dann fühlte ich mich schneller und schneller durch einen Tunnel gleiten. Beim Eintritt hörte ich Maschinengeräusche, dann Stimmen von Menschen, die ich gekannt hatte. Da ich furchtbare Angst bekam, achtete ich nicht näher auf sie. Ich bewegte mich auf einen Lichtkegel am Ende des Tunnels zu. Ich wußte, daß ich dabei war zu sterben, und entschloß mich – ohne daß es mir etwas nützte –, nicht mehr weiterzuwollen. Das Licht explodierte um mich herum. Ich erschrak furchtbar. Um mich waren Wesen, die meine Ankunft bemerkt hatten. Sie betrachteten mich belustigt, ohne meine Verwirrung zur Kenntnis zu nehmen.
Doch plötzlich wird meine angeschlagene Stimmung zu einem tiefen Frieden. Ich fügte mich in dieses unheimliche Experiment und wurde akzeptiert. Ein Frage- und Antwortspiel begann, bei dem ich die Fragen stellte und die Wesen mir die Antwort zeigten. Letztendlich machten sie mir klar, wieder in meinen Körper zurückzukehren. Ich wachte dann im Krankenhaus wieder auf.‹«[43]
Das Entscheidende bei diesem Erlebnis ist ein Akzeptierenkönnen der Erlebnissituation. Nach den Lehren des Tibetischen Totenbuches ist der *Bardozustand* geprägt von dem, was uns zu Lebzeiten wichtig ist, aber noch mehr davon, wovor wir uns fürchten. Das macht das Erlebnismaterial des Zwischenzustandes zwischen Tod und Wiedergeburt aus.
Wir bewegen uns im Tod durch immer feinere Energieebenen hindurch bis hin zur reinen Geistebene. Was wir dabei erleben und empfinden ist abhängig von der Lernfähigkeit des betreffenden Bewußtseins. Letztlich wird im Tod stets der augenblickliche Ist-Zustand des Bewußtseins gebündelt. In dem Maße, wie wir uns im Leben spirituell entwickelt haben oder nicht, sind wir in der Lage, mit den nachtodlichen Zuständen umzugehen oder nicht.

Generell wichtig ist dabei, das Leben in Frieden mit sich selbst, frei von negativen Emotionen und dem ängstlichen Festklammern an die irdische Existenz abzuschließen – und vor allem, lieben zu lernen.

Die zweite Kategorie negativer NTEs wird weitaus beunruhigender empfunden. Von dem Gefühl ewiger Leere bis hin zu suggestiven Vorstellungen, das Leben habe nie existiert. Bruce Greyson und Nancy Evans haben in ihrer Studie von 50 Fällen negativer Nahtoderfahrungen allerdings festgestellt, daß derlei extreme Vorstellungen sich meistens bei schwierigen Geburten unter Narkose ereignen.

Die Sekretärin berichtet weiterhin: »... Ich sah scharf, daß ich die Welt unter mir zurückließ und wie ein Astronaut ohne Kapsel durch den Weltraum schoß. Schnell bewegte ich mich hinauf in die Dunkelheit. Rechts von mir war dunkler Weltraum, links Gruppen von schwarzen und weißen Kreisen. Sie höhnten boshaft und lachten spöttisch: ›Dein Leben hat nie existiert. Dir wurde erlaubt, es dir vorzustellen. Es gab nie etwas anderes als das Nichts. Alles war nur ein Scherz. Alles was war und was es jemals geben wird ist nur diese Verzweiflung.‹ Die 28jährige Frau hält es für einen kosmischen Terror, von dem wir nichts ahnen. Ich hätte nie vermutet, daß so die Hölle aussieht. Egal wann ich sterbe, dort draußen wartet die Verdammnis.«

Das zitierte Beispiel zeigt die Konfrontation der Frau mit ihren inneren Ängsten und Befürchtungen. Das Festhalten an diesen Vorstellungen – als Tochter eines Pastors –, zeigt allzu deutlich, daß die Tatsache, daß unsere Gedanken, die den Übergang im Augenblick des Todes prägen, sie in diesen »kosmischen Terror« brachten. Hinzu kommt der Streßfaktor einer problematischen und traumatischen Geburt. Negative Persönlichkeitsmerkmale können die hormonelle Situation (Ausschüttung von körpereigenen Endorphinen) beeinflussen.

Dr. Michael Schröter-Kunhardt, Leiter der deutschen Sektion von IANDS, behauptet, daß von 3000 Menschen jeder fünfte eine negative Nahtoderfahrung hatte, d. h. 600 (etwa 18 Prozent), und er erklärt dies wie folgt: »Unser Gehirn neigt dazu, in positive oder negative Extreme einzutauchen und diese Art der Erfahrung zu machen. Das sehe man auch daran, daß bei starken Schmerzen oder extremem Streß, bei denen ebenfalls oft NTEs auftreten, eine Art Gegenregulation des Gehirns durch Endorphinausschüttung erfolge und natürliches Cannabis frei werde. Bei negativen NTEs hingegen, erfolge dieser Ausgleich nicht, was möglicherweise durch übergroße Ängste und andere, das Individuum belastende Faktoren verhindert werde.«[44]
Dieses gilt als vorsichtige hirnorganische Erklärung, wobei sich die Experten über die zitierte Häufigkeit keinesfalls einig sind. Die Häufigkeit negativer Nahtoderfahrungen schwankt zwischen einem Prozent und über 30 Prozent (!). Schröter-Kunhardt behauptet überdies, daß bei negativ Betroffenen häufig eine Tunnelpassage abwärts (!) begleitet sei von extremer Furcht und Panik. In seiner Negativ-Charakterisierung heißt es: »Sie erleiden schlimmste seelische Qualen, berichten von quälender Stille, Verlassenheitsgefühlen, intensiver Kälte, folternden Geräuschen, Schreien, Drohungen, zombieartigen, leblosen Wesen oder bedrohlichen Erscheinungen, die Gewaltanwendung befürchten lassen. Zum Szenarium gehört oft eine graue, düstere, tote, feindliche Umwelt und lockendes Licht, das sich bei Erreichen in Dunkelheit verwandelt. Sogar Verfolgungen von Teufeln oder anderen furchterregenden Wesen werden geschildert. Oft haben die Betroffenen entweder das Gefühl, sich am Rand eines Abgrunds zu befinden – kurz davor ins Leere zu stürzen – oder im Zentrum eines Wirbelsturmes zu sein. Auch von einer ›Negativ-Beurteilung‹ ist die Rede.«
Letztlich sind aber all diese Phänomene keineswegs als

nur hirnorganisch oder streßbedingt zu erklären. Der Mensch scheint zu sein, was er denkt (in seinen Gedanken). Selbst Schröter-Kunhardt ist überzeugt, daß der Mensch einen raum- und zeitunabhängigen Anteil in der Psyche habe, der generell als »*unsterbliche Seele*« bezeichnet wird und nach dem Tod weiterlebt. Da nun NTEs interkulturell ähnlich sind, könne man NTEs auch nicht als Halluzinationen abtun, da jeder sein Leben letztendlich verantworten muß.

Greyson und Evans führen in der dritten Rubrik als wahrlich »höllische Erfahrungen« vor allem die Erfahrungen von Selbstmördern an: »Eine 26jährige – sie hatte versucht, sich mit einer Überdosis Tabletten umzubringen – schildert: ›Ein Arzt beugte sich über mich und erklärte, daß ich sterbe. Meine Muskeln verkrampften sich unkontrolliert. Wie auf einer Schlittenbahn fühlte ich mich aus meinem Körper hinausgleiten. Es war kalt, dunkel und wäßrig. Ich erreichte einen Grund, der dem Eingang einer Höhle ähnelte. Am Eingang hingen Spinnweben. Innen herrschten die Farben Grau und Braun vor. Weinen, Klagen, Stöhnen und das Knirschen von Zähnen war zu hören. Ich sah groteske und häßliche menschenähnliche Geschöpfe. Sie wirkten gequält und ihre Laute klangen so, als ob sie im Todeskampf wären und gefoltert würden. Niemand sprach mit mir. Ich ging nicht in die Höhle hinein, stand nur voller Schrecken davor. Das letzte, woran ich mich erinnere, ist, daß ich versuchte, meinen Geist aus dieser Grube wegzubewegen.‹«

Läuterung

Wissende wollen oft nicht zugeben, daß sie angsteinflößende Erfahrungen gemacht haben, weil andere glauben könnten, sie hätten diese verdient. Bei einem Treffen von Nahtoderfahrenen beschrieb eine Krankenschwester das quälende Erlebnis eines ihrer Patienten. Daß wir die Erlebenden niemals verurteilen sollen – zumal wir über negative NTEs so wenig wissen –, zeigt schon ein Blick auf die Mythologie: Nur der wahre Held kann in die Unterwelt hinabsteigen und kann den Schatz der Einsicht zurückbringen, und zwar in symbolischer Form. »Der Patient war davon überzeugt, daß Spinnen und Schlangen die Wand hochkröchen und schwarze Hände nach ihm griffen, um ihn in die Hölle zu befördern.«[45]

Ob nun bei Suizidversuchen die Wahrscheinlichkeit größer ist, ein negatives Nahtoderlebnis zu haben, scheint fraglich. Während Raymond Moody dieser These eher zustimmt, hält Kenneth Ring, der Leiter der amerikanischen »International Studies for New Death Experience«, diese Vermutung für eine Behauptung fundamentalistischer Christen. Schon 1981 hat er eine Studie gefördert von Menschen mit einem Selbstmordversuch, wobei die meisten positive Erlebnisse aufwiesen. Ob nun, wie Schröter-Kunhardt vermutet, bei Suizid mehr negative Persönlichkeitsmerkmale vorhanden sind oder nicht, sei dahingestellt. Nach Auswertung der unterschiedlichen negativen NTEs scheint eher klar zu sein, daß man die Gründe für diese Erfahrung eher im individuellen Umfeld der Betroffenen annehmen muß, als anderswo, d.h. als Produkt ihrer Gedanken.

In der Regel folgt auf eine Nahtoderfahrung ein durchaus positiver Wachstumsschub, eine Art »Lebens-Kurskorrektur« für bisher vernachlässigte Charakterentwicklungen. Für negative Erfahrungen gibt es durchaus aber auch positive Reaktionen in Form einer Läuterung.

Howard Storm, ein amerikanischer Professor für bildende Kunst, erlitt während eines Paris-Aufenthaltes einen akuten Magendurchbruch und mußte sich einer sofortigen Notoperation unterziehen. »Dämonen schleppten mich durch

lange Gänge und begannen, mich zu quälen und zu schlagen, berichtet er. Zuletzt lag ich am Boden mit unheimlichem Schmutz besudelt. Ich hörte mich selbst sagen: ›Betet zu Gott!‹ Daraufhin begannen die Dämonen langsam zurückzuweichen.« Lange konnte der bis dahin materialistisch, wissenschaftlich und atheistisch eingestellte Hochschullehrer mit niemandem darüber reden. Sein Erleben verarbeitete er zunächst in Form von Skulpturen. Doch dann änderte er sein Leben komplett. Der ehemalige Atheist brach seine Professoren-Karriere ab und lebt heute als Pastor einer Gemeinde in Cincinatti.[46]
Lassen wir diese Geschichte für sich stehen, aber derlei Bekehrungsstories gibt es viele in der fundamentalistischen Bekehrungsliteratur, die drastischer nicht sein können. Dennoch kann eine negative Todeserfahrung durchaus eine Läuterung des Betroffenen bewirken. Letztlich kann eine negative NTE zu einer spirituellen Öffnung führen.
Ein wesentliches Merkmal der Hölle ist laut Stanislav Grof, dem Vater der transpersonalen Psychologie und Bewußtseinsforschung, das Gefühl der Ausweglosigkeit. Die Seele steht vor einem merkwürdigen Paradoxon: Erst wenn die qualvolle Situation der ewigen Hölle akzeptiert wird, kann die Reise im Jenseits vorangehen.
In den Berichten der Heiligen und Mystiker des Mittelalters ist immer wieder die Rede von der Höllenfahrt der Seele, wobei schon Theresia von Avila diese als Reinigungsprozeß ihrer Seele sah. Die Wissenden im Mittelalter teilten grundsätzlich ihre Seelenreisen in höllische und himmlische Erfahrungen ein. Das Wesentliche war, daß sie ihre Fehler und das Schicksal derer, die jede Warnung mißachteten, vor Augen geführt bekamen.
Die Höllenerfahrung ist auch heute als Begegnung mit der eigenen Angst ein Durchgangsraum des Bewußtseins zum Licht.

Ansichten fundamentalistischer Christen zur Höllenerfahrung

Auch in den heutigen NTEs gibt es Erfahrungen, daß Spinnen und Schlangen die Wand hochkröchen und schwarze Hände nach ihnen griffen, um sie in die Hölle zu befördern: Hier sei an die alten »*Ars moriendi*« unserer Kultur erinnert. In den »Büchern über die Erfahrung des Sterbens« werden Angriffe Satans bzw. die Verführungen böser Mächte beschrieben, um die Seele von ihrem Weg in den Himmel abzulenken. Fünf Angriffe des Bösen werden benannt: Glaubenszweifel, Verzweiflung und quälende Gewissensbisse, Ungeduld und Reizbarkeit aufgrund von Leiden, Hochmut, Eitelkeit und Stolz, Habgier und andere weltliche Begierden. Hinter jedem dieser Begriffe lauert nichts als die Angst: Die Angst versagt zu haben, die Angst vor der eigenen Verantwortung, die Angst verurteilt zu werden, weil man selber ein Leben lang verurteilt hat, die Angst vor Liebe schließlich. Die abstruseste Blüte dieser Angst vor sich selbst, vor der Hölle, vor der ewigen Verdammnis fand ich in einem Buch eines fundamentalistischen Christen namens Maurice S. Rawlings »Zur Hölle und zurück«, der nicht nur vehement zu beweisen versucht, daß die Hölle ein fester Bestandteil des Jenseits ist, sondern auch die positiven, interkulturellen Erfahrungen von Nahtod – zumal nicht alle Menschen auf der Welt Christen sind – umzudeuten versucht.
Was hat das Licht am Ende des Tunnels zu bedeuten? Viele Seelenforscher meinen, dieses Licht verkörpere eine universale mitleidige Kraft bedingungsloser Liebe für alle Sterbenden, egal, ob sie glauben oder nicht – eine Kraft, in der absolut nichts Negatives zu finden ist. Die meisten christlichen Theologen sind allerdings in diesem Punkt völlig gegensätzlicher Meinung. Sie sagen, bei diesem »mitleidigen Licht« könne es sich in der Tat um Satan selbst

oder einen seiner Engel handeln, die sich als »Engel des Lichtes« bzw. als »Diener der Gerechtigkeit« (2 Kor.11, 14–15) verstellen und somit viele verführen.[47]
So lautet seine Hauptfrage dann auch, ob es gefahrlos ist zu sterben. Bei derlei polemischer Hetze gegen alle, die die Bibel nicht wortwörtlich oder buchstabengetreu verstehen, wird beim Leser nichts weiter erreicht, als ihn erneut in Angst und Schrecken zu versetzen. Die moderne Bewußtseinsforschung hat nachgewiesen, daß die Erfahrungen von Himmel und Hölle tatsächlich so stattfinden wie beim Sterben. Die Vergänglichkeit des Daseins, die Allgegenwart des Todes und die Eitelkeit alles weltlichen Strebens zeigen sich deutlich durch die Beobachtung der psychedelischen Therapie oder sonstiger erfahrungsorientierter Psychotherapie: Die Begegnung mit dem schrecklichen Aspekt der menschlichen Existenz kann zu einer spirituellen Öffnung führen. Diese Erfahrung wohnt sämtlichen Nahtoderfahrungen inne. Die Begegnung mit der Finsternis, dem Bösen, den (eigenen) Dämonen läutert die Erfahrenden ebenso wie die Begegnung mit der bedingungslosen Liebe des Lichtes. Die Erlebnisse weisen auf den eigentlichen Sinn der menschlichen Existenz: Geistig zu wachsen und lieben zu lernen. So läßt sich die Botschaft des Jesus von Nazareth in die einfachen Worte fassen: »Liebe deinen Nächsten wie dich selbst!« Das heißt nichts anderes, als die eigenen Ängste und Schuldverstrickungen zu erkennen und aufzulösen, um lieben zu lernen.
Grundlegend sei hier bezüglich der Höllenerfahrungen angemerkt, daß es sich dabei um ein subjektives Erleben des Verstorbenen oder klinisch Toten handelt. Es kann nicht oft genug betont werden, daß es einen Zusammenhang gibt zwischen dem, was wir denken, und dem, was wir erleben. Gedanken erschaffen auch im Leben schon unsere Realität, obwohl wir den Zusammenhang wegen

des Abstands durch Raum und Zeit häufig nicht erkennen können. Nach dem Tod jedoch manifestieren sich unsere Gedanken unmittelbar und sofort. Wir werden immer entsprechend mit dem Bewußtsein konfrontiert, das wir im Augenblick unseres Übergangs von dieser in die jenseitige Welt erreicht haben. Es gibt keine Hölle als Ort der ewigen Verdammnis, aber als Bewußtseinszustand. Wenn ein Mensch stirbt, ist sein Erleben nach dem Tod davon geprägt, welche persönlichen Annahmen und Glaubensmuster er zeit seines Lebens hatte. Hinzu kommt, daß auch nach dem Tod der freie Wille weiterbesteht. Die Hölle ist immer eine Durchgangserfahrung, weil niemand diese Erfahrung oder Realität für immer wählen kann. Niemand erschafft sich einen dauernden Platz von Unglücklichsein und Leiden.

Die Beschreibungen von öden Landschaften, von unendlicher Leere und Einsamkeit, von Dämonen und Teufeln oder stetigem Wiederholungszwang sind somit durchaus wahr, aber entsprechen der subjektiven Wirklichkeit des Verstorbenen. Durch eine einzige bewußte Entscheidung kann sich dieses Erleben verändern, da stets liebevolle geistige Wesen anwesend sind, bereit zu helfen. All das findet sich in den hier vorgestellten Berichten von Menschen mit Nahtoderfahrungen.

5. Kapitel

Wiedererinnern

In diesem Kapitel erfahren Sie

- vom Verlust des Schreckens vor dem Tod

- von einem übergeordneten großen geistigen Sinnzusammenhang

- vom Wiederfinden einer vergessenen Wahrheit

- von der Begegnung mit der Angst vor der Auslöschung und wie diese aufgelöst werden kann

Keine Angst vor dem Tod

Der wichtigste, ja sogar fundamentale Wandel nach einer Nahtoderfahrung betrifft die Persönlichkeit der Menschen. Alles Bisherige wird bedeutungslos, und die Persönlichkeit verändert sich, transzendiert. Durch die Fülle der Einsichten erfolgt eine totale Neuorientierung. Die Menschen mit NTE entwickeln einen tiefen Respekt vor der Einzigartigkeit alles Lebendigen.
Ebenfalls verändern sich die wichtigen Lebenseinstellungen und die ethischen Werte. Das Leben erschien vorher undurchschaubar und gefährlich, um letztendlich im Grauen des Todes zu enden, jetzt gewinnt es immens an Bedeutung und Freude. Der Tod verliert seinen Schrecken, und durch den neu gewonnenen, übergeordneten Sinnzusammenhang erspürt der Betreffende seine persönliche Aufgabe im Leben, wodurch das Leben einen tieferen Sinn bekommt.
Es wird unabhängig von Leid oder bedrückenden Notlagen als zu meistern erkannt. Die Erkenntnis macht den Menschen in dem Maß frei, wie er den übergeordneten Sinn des Lebens oder GOTT erkennen kann. Das ist der Urgrund aller spiritueller Lehren des Lebens.
In der Regel dauern NTEs nur wenige Minuten – warum also sind die millionenfachen (!) Persönlichkeitsveränderungen so durchgreifend?

Diese Frage führt in das innerste Wesen der Nahtoderfahrung.

Übergeordneter Sinnzusammenhang

Durch die Begegnung mit Licht, mit GOTT, *erinnert* sich der Betreffende an etwas, das er eigentlich schon immer wußte. Es ist das Wiederfinden einer vergessenen Wahrheit. Dieses Erkennen der ursprünglichsten und reinsten Quelle menschlicher Sehnsüchte ist zugleich Ursache und Ziel allen Strebens. Das Wiedererinnern dieser vergessenen Wahrheit führt in der Kürze der NTE zu einem »kosmischen Aha-Effekt«, was die erstaunlichen Persönlichkeitsveränderungen nach einer NTE belegen.
Menschen mit einer solchen Erfahrung erkennen die freie Wahl, die der Mensch in jedem Augenblick seines Lebens hat – *immer* im Hier und Jetzt! Jede Entscheidung hat Konsequenzen und führt zu neuen Ufern. Er kann nun unmittelbar auf ein Wissen hinter dem Wissen zurückgreifen: Auf das Geborgensein in GOTT und das daraus resultierende Vertrauen ins Leben. Jede seriöse Psychotherapie würde Jahre brauchen, um das Wesentliche aufzudecken. Der Betroffene empfindet für seinen Irrtum Heiterkeit, da im Augenblick des Wiedererkennens sich dieses sozusagen von selbst auflöst.

Begegnung mit der Angst

In negativen Erfahrungen (Höllenvisionen) kommt es zu Empfindungen beklemmender Trostlosigkeit. Die Welt entpuppt sich als große Illusion, und die eigene Bedeutungslosigkeit wächst ins Unermeßliche. Die Gefahr eines drohenden Selbstverlustes, in Verbindung mit der Angst, nicht sterben zu wollen, ermöglicht einen Blick in die Hölle. Sinnigerweise tritt diese Erfahrung nur zu Beginn eines Nahtoderlebnisses auf, das nicht über die Tunnelerfahrung hinausreicht. Die Höllenerfahrungen sind kein typisches Element der Nahtoderfahrung, sie sind als Reaktion menschlicher Selbstgefährdung zu sehen angesichts einer nicht durchschaubaren Situation. Da der Mensch in Todesnähe mit der Möglichkeit der Auslöschung aller erworbenen Sicherheiten konfrontiert ist, wird die Angst, den Verstand zu verlieren, zum Widerstand gegen die NTE.

Je größer dieser Widerstand gegen einen freien Verlauf der NTE ist, desto bedrückender werden die Szenen des um Fortbestand ringenden Bewußtseins. Es ist das drohende Ende des eigenen Ichs, das sich durch verzweifeltes Aufbegehren in düsteren Visionen Ausdruck verleiht.

Der Mensch ist mehr, als das Ich (Ego) ihm versucht einzusuggerieren. Das Ich gilt als Bewahrer der Identität. Gleichzeitig sind es die eigenen Widersprüche, vor denen uns das Ich schützt – der erste und einzige Schutz vor dem Wahnsinn. Und so erstaunt es wenig, wenn Höllenerfahrungen viel seltener im Zusammenhang mit Nahtoderfahrungen auftreten, als bei schweren psychischen Erkrankungen.

Das Geheimnis des Todes

Im psychotischen Erleben wird die Hölle Wirklichkeit. Es offenbaren sich die Schwächen des Ichs in ihrer Widersprüchlichkeit und Begrenztheit. Der Mensch ist nicht weiter Herr seiner selbst und verliert den Kontakt zu seiner Umwelt. Da er aber sein Ego nicht loslassen kann, fürchtet er den Verstand zu verlieren. Das ist für den Menschen die schlimmste und größte Bedrohung. So verwundert es wenig, daß es der Verstand ist, der im Mittelpunkt der

Todesangst des Menschen steht. Die Selbstaufgabe in Kauf zu nehmen, das Loslassenkönnen, die furchtbarste aller menschlichen Möglichkeiten (den Verstand zu verlieren gleich Auslöschung), ist der Wächter vor dem Geheimnis des Todes.
Bei den uns heute vorliegenden Nahtoderfahrungen zeigt sich genau dieses Bild: Dringt jemand nur bis in den Tunnel vor (und kehrt dann schon ins Leben zurück), begegnet er seinen eigenen Ängsten und Traumata. Wenn die Erfahrung weitergeht, und der Betreffende kann sein Ich loslassen, erlebt er die Todesnäheerfahrung als außerordentlich positiv. Er hat die ihn blockierenden Grenzen der Ich-Haftigkeit durch die Erkenntnis überwunden, unbegrenzt zu sein, Vertrauen zu haben, und daß es die totale Auslöschung nicht gibt. Kein Wunder, daß Menschen mit Nahtoderfahrung zu viel größerer selbstloser Liebe fähig sind als andere.
Hier nun eine Erfahrung von Johann, die himmlische und höllische Aspekte enthält: »… plötzlich sah ich den Tunnel. Es herrschte dunkles Zwielicht … Dann sehe ich sie – undeutlich zuerst – wie formlose Schatten … Meine Angst wurde immer unerträglicher. Ich hatte den Eindruck, je größer mein Entsetzen wurde, um so deutlicher nahm ich ihre grauenhaften Gestalten wahr. Ich fürchtete, vollends den Verstand verloren zu haben, so uferlos war die Panik, in die sie mich trieben. Das war also die Hölle – ich war mir sicher. Die Szenen, die sich mir boten, waren von derart obszöner Ekelhaftigkeit, daß ich mir danach geschworen habe, niemals jemandem davon zu erzählen. Ich wußte, daß ich verloren war. Ich gab mich auf und überließ mich dem Grauen in Erwartung meiner bevorstehenden Vernichtung (oder in der Hoffnung darauf?). Unvermittelt sah ich ein helles Licht, wie von einem weit entfernten Stern, der zunehmend heller wurde und an Größe gewann. So unvorstellbar und unbeschreiblich die erleb-

ten Schrecken waren, so phantastisch und unbeschreiblich schön war nun das Folgende. Mit einem Schlag erkannte ich mich selbst. Ich verstand. Es gab keinen Grund, mich zu fürchten, und ich wußte, daß es tatsächlich nie einen gegeben hatte. Als hätte ich Anschluß an etwas Göttliches in mir selbst gefunden, weitete sich mein Bewußtsein über die gewohnten Grenzen hinaus. Mit neuen Sinnen erschlossen sich mir Bedeutungen und Zusammenhänge, die ich nie vermutet hätte. Es war ein Wiedererkennen … ich sah den ganzen Plan … ein neues, grenzenloses Bewußtsein … Ich war zu Hause!«[48]

Auch hier geht es um die Konfrontation mit seinen eigenen Grundannahmen. Erst durch den drohenden Tod offenbart sich die Selbsttäuschung. Die Ungewißheit lichtet sich, und die Erinnerung an die längst vergessene Heimat ist die Antwort auf alle quälenden Fragen. Die selbstgeschaffene begrenzte Welt des Ichs, die den dahinterstehenden größeren Sinnzusammenhang verbirgt, zeigt sich sonst nur in intuitiver, oft wehmütiger Gewißheit eines verlorenen Paradieses.

Die Fähigkeit, sich von außersinnlichen Wirklichkeiten innerlich berühren zu lassen, nennt man Ich-Transzendenz. Diese Transzendenz beinhaltet immer auch ein Überschreiten der eigenen Grenzen, um Ungewohntes ins Leben zu lassen. Das aber ist für viele Menschen die Bedrohung schlechthin. Ich-Transzendenz bedeutet in letzter Konsequenz das Wagnis, allen Besitz fahren zu lassen, um im Loslassen der Dinge ihr eigentliches Wesen erfahren zu können.

Das ist dann der Kern der Nahtoderfahrung, daß der betreffende Mensch zu seiner eigentlichen Natur als geistig unbegrenztes Wesen zurückkehrt. Er entwickelt *Vertrauen* in das Vorhandensein von Sinn. Dieses Vertrauen ist dann die letzte Ursache des heilenden Potentials der NTE. Durch die Konfrontation mit der eigenen Sterblichkeit

erfahren wir, daß das Ich sich nicht darin verliert, sondern verstärkt daraus hervorgeht und sich neue Perspektiven eröffnen. Leid, Krankheit und Einschränkungen werden begriffen als Fingerzeige eines freundlichen Schicksals, die auf die Begrenztheit allen Irdischen verweisen.
Die Höllenerfahrung zeigt ein weiteres Mal auf, wie wichtig unsere Gedanken im Augenblick des Übergangs sind: Der Tod ist eine Bewußtseinserweiterung, und wir erleben das, was wir denken. Wenn die Angst losgelassen wird, und die erwartete Auslöschung des Ichs nicht stattfindet, eröffnet sich das Jenseits als Bewußtseinszustand des Lichts und der Liebe.

6. Kapitel

Jenseitsvorstellungen der Weltreligionen

In diesem Kapitel erfahren Sie

- vom Bedürfnis der Menschen nach Sinndeutung

- von den bewußtseinserweiternden Erfahrungen, die allen großen Religionen in der Geschichte zugrunde liegen

- im Überblick die wesentlichen Strukturen der großen Religionen in bezug auf Glauben an das Jenseits

- von den Naturreligionen und den östlichen Religionen – Hinduismus und Buddhismus

- vom Unterschied zu den monotheistischen Religionen

Das Bedürfnis der Menschen nach Sinndeutung

Viele Menschen ahnen, daß unser Leben mehr ist, als uns das Alltagsbewußtsein vorgaukelt. Schon über seine Intuition kann der Mensch erkennen, daß alles Leben einen tieferen Sinn haben muß. In diesem inneren kosmischen Raum *in* jedem Menschen verweist das, was als göttlicher Funke bezeichnet wird, auf einen größeren geistigen Sinnzusammenhang. Indem wir in Berührung mit eigenen inneren Dimensionen kommen, erweist sich das Leben in seinen Möglichkeiten als weitaus mehr und gehaltvoller, als dem Tagesbewußtsein zugänglich ist. Das Spirituelle, das Geistige, das Mystische, das Transzendente oder welchen Begriff man auch immer für das Bedürfnis nach Sinndeutung des Lebens verwenden mag, gehört zum Wesenskern des Menschen.
Zu allen Zeiten in der Menschheitsgeschichte beschäftigte den Menschen die Frage: Was geschieht, wenn wir sterben? Was geschieht nach dem Tod? Die Frage nach dem *Danach* wurde in keiner Epoche der Menschheitsgeschichte ausgeklammert. Es gibt keinen einzigen Kulturkreis auf dieser Erde, der nicht irgendwie versucht hat, eine Antwort zu finden.
Kurz vor Ende des 20. Jahrhunderts offenbart sich gerade angesichts der Frage eines Lebens nach dem Tode ein eigentümliches Dilemma: Auf der einen Seite sind die

Naturwissenschaften zu einer Art Ersatzreligion avanciert. Die Menschen glauben nur das, was ihren Sinnen unmittelbar zugänglich ist und unter Laborbedingungen reproduzierbar ist. Immer noch sind zahlreiche Wissenschaftler der Auffassung, daß die gesamte Welt aus nichts anderem als aus Atomen und kleinen Teilchen besteht. Die Frage nach GOTT oder das Jenseits wird in den Bereich nicht nachweisbarer Spekulationen verwiesen.

Diesem weitverbreiteten Paradigma der heutigen Wissenschaft, das wenig Trost spendet und den Menschen angesichts seiner grundsätzlichen Fragen von Sein oder Nichtsein alleine läßt, steht das intensive Forschen nach dem Sinn der Existenz gegenüber, was sich global in den immer größer werdenden spirituellen Aufbrüchen vieler Millionen Menschen aufzeigen läßt. Die Suche nach unserem eigentlich *wahren Wesen*, d. h. unseren geistigen Ursprung zu erkennen, gehört zum Grundprinzip der Evolution. Nur die Erkenntnis der göttlichen Energie in uns selbst kann den Menschen in das verheißene neue Goldene Zeitalter (Wassermann-Zeitalter) führen. Der Mensch steht heute global an der Schwelle dazu, und die vielfältigen Ereignisse und Beschleunigungen verweisen auf den anstehenden Entwicklungssprung in der Menschheitsgeschichte. Daneben steht uns heute mehr Wissen über das Sterben und den Tod und das Leben danach zur Verfügung als je zuvor in unserer Geschichte.

Diese Spaltung der Gesellschaft wird auch durch eine aktuelle Umfrage des Magazins »Focus« von Ostern 1999 belegt. Demnach glaubt im Westen jeder zweite Deutsche an ein Leben nach dem Tod, im Osten aber nur jeder vierte. Eine Mehrheit von 65 Prozent aller Deutschen glaubt aber an GOTT, wobei sich die Vorstellungen von GOTT nicht länger auf die christlichen Glaubensinhalte konzentrieren, sondern viele Menschen sich offenbar ein eigenes, individuelles Gottesbild zurechtzimmern.

Wie uns die großen Religionen der Menschheitsgeschichte die Frage nach dem Leben nach dem Tod beantworten, und wie sich das mit heutigen Nahtoderfahrungen oder anderen transzendenten Erfahrungen von Menschen deckt oder nicht, soll nun im folgenden nachgegangen werden. Durch die Komplexität und Vielfalt der Religionen können in diesem Überblick nur die Hauptströmungen berücksichtigt werden.

C. G. Jung verwies schon vor etlichen Jahren auf tiefere Erfüllung und Sinn. Er schreibt: »Jeder krankt in letzter Linie daran, daß er das verloren hat, was lebendige Religion ihren Gläubigen zu allen Zeiten gegeben hat, und keiner ist wirklich geheilt, der seine religiöse Einstellung nicht wieder erreicht, was mit Konfession oder Zugehörigkeit zu einer Kirche nichts zu tun hat.«[49]

Naturverbundene Religionen

Der Ursprung des Menschen liegt in der Natur. Was unsere frühesten Vorfahren empfanden, dachten und glaubten, hing ganz besonders von ihren alltäglichen Erfahrungen ab.

Der Kampf ums Überleben und die Angst vor der unberechenbaren Natur bestimmten den Tagesablauf und die Sorgen des frühen Menschen. Er unterschied nicht zwischen der Außenwelt und der Welt seiner Gedanken, da er sich als unmittelbar Ganzes wahrnahm. Die Vorstellung einer vom Körper abgetrennten Seele war dem frühen Menschen fremd. Die Annahme einer Seele entwickelte sich erst dann in der Evolution, als der Mensch seine Eindrücke zu ordnen begann.

Die Erforschung vorgeschichtlicher Jenseitsvorstellungen beschränkt sich auf archäologische Fundstücke. Zusammenfassend lassen sich die folgenden Aussagen treffen:

1. Der Vorfahr des heutigen Menschen, der sogenannte *Peking-Mensch* oder *homo erectus*, trennte seinen Toten die Schädel ab. Das zeigt uns, daß schon der Peking-Mensch den Übergang vom Leben in den Tod mit dem Kopf in Verbindung brachte.
2. Aus der Altsteinzeit fand man vom Leib getrennte und mitunter auch bestattete Schädel und Unterkiefer. Diese Körperteile waren besonders angeordnet oder mit Beigaben (!) versehen. Das ist insofern bemerkenswert, als es in der Frühzeit des Menschen kaum Bestattungen gab.
3. Einen noch deutlicheren Beleg für die Annahme der Existenz einer Seele stellen die Schädelpenetrationen dar: Der menschliche Schädelknochen wurde offensichtlich schon zu Lebzeiten geöffnet, wobei die künstliche Öffnung einen Durchgang für die Seele darstellte.
Die Vorstellung von einer aus dem Körper fortziehenden Seele entstand dann durch die Weiterentwicklung des menschlichen Denkens und seiner zunehmenden Differenzierung im Gegensatz zum ursprünglichen, unmittelbaren Erleben.
In der letzten Eiszeit trat als ursprüngliche Religiosität der *Schamanismus* auf den Plan: Schamanen sind Zauberer oder Priester, die eine Verbindung mit Geistern durch bestimmte Rituale oder Techniken und durch Einnahme berauschender Mittel herstellen können. Ein Schamane ist fähig, allein durch seinen Willen seinen Körper zu verlassen und mystische Reisen durch kosmische Regionen zu unternehmen.
Neben Werkzeugen und Knochenfunden gehören die Höhlenmalereien zu den beeindruckendsten Zeugnissen des vorgeschichtlichen Menschen. Der Ort des Schaffens, der Höhlengang, liegt fernab vom alltäglichen Leben, wobei das Hinabsteigen einer Grenzüberschreitung gleichkam. Raum- und Zeitgefühl heben sich auf.
Praktisch alle Naturvölker haben den Glauben an eine Seele entwickelt, die nach dem körperlichen Tod weiterlebt.

Die in Mittelamerika angesiedelten Maya glaubten an ein Totenreich. Beim Übergang in dieses mußte eine Reihe von Hürden überwunden werden. Ähnliche Erwartungen wie das Überqueren von Flüssen und Strömen oder Wüsten finden sich bei den Inkas in Peru und einigen anderen Indianerstämmen. Derartige Elemente tauchen heute in Form des Tunnelerlebnisses bei NTEs auf, wobei der Tunnel als Symbol für den Übergang von dieser in die andere Welt angesehen wird. Auch das Bestehen von Prüfungen und Hürden taucht gelegentlich als Element auf.

Die Azteken glaubten, daß die Götter Himmel und Erde erschaffen haben, vor allem aber die lebensspendende Sonne. Um die Bewegung der Sonne zu gewährleisten, tränkten sie ihre Bahn mit Menschenblut, weil sie annahmen, daß ohne dieses Opfer das Leben auf der Erde verlöschen würde. Die Azteken gingen von drei verschiedenen Totenreichen aus: dem *Mictlan*, einer Art ewiger Hölle, dem *Tlalocan* mit einer paradiesischen Umgebung, und dem »Haus der Sonne«, das allerdings den Kriegsgefallenen vorbehalten blieb und Frauen, die nach der Geburt gestorben waren.

Die meisten Indianerstämme glaubten, daß die Geister der Verstorbenen in den *Ewigen Jagdgründen* weiterleben und die Verbindung zu den Hinterbliebenen aufrechterhalten. Deswegen achten sie die Geister der Vorfahren und können dafür mit deren Schutz und Rat rechnen. Große Feste dienten den Indianern dazu, direkten Kontakt mit den Verstorbenen (meist in Ekstase, oft durch Rauschmittel) aufzunehmen. Damit steht der Ahnenkult im Vordergrund des Glaubens. Die Vorstellungen des Lebens im Jenseits unterscheiden sich allerdings kaum vom christlich geprägten Amerika: Menschen, die ein gutes Leben geführt haben, dürfen nach dem Tod auf ein ewiges Dasein in paradiesischer Umgebung hoffen. So heißt es in einem Text der Delaware-Indianer:

»Dort lebt die Seele unabsehbar lange in einem glücklichen Jagdgrund, einem schönen Lande ... Dort werden Kinder ihre Eltern wiedertreffen und Eltern ihre Kinder ... Es gibt keine Sonne dort, sondern ein helles Licht, das der Schöpfer leuchten läßt. Alle Menschen, die auf Erden sterben, ob sie jung oder alt sind, werden hier gleich ausschauen, und die Blinden und Krüppel werden vollkommen gut sein ... Von den Bösen in dieser Welt wird wenig gesagt, außer daß sie vom glücklichen Land der Geister ausgeschlossen sind.«[50]

Was die Vorstellungen der afrikanischen Religionen betrifft, wird der Tod in der Regel als Übergang von dem Dorf der Lebenden in das Dorf der Ahnen gesehen. Die Ewe, ein Stamm im Regenwald Westafrikas, nehmen an, daß ihre Seele schon vor ihrem eigenen Leben existiert hat. Mit der Geburt eines Kindes wird gleichzeitig ein verstorbener Verwandter wiedergeboren. Bei den Totenbettberichten der Ewe kann man die Transzendenzerfahrungen ausmachen, weil hier ein realer Sterbeprozeß zugrunde gelegt werden kann.

So heißt es in einem Text: »Viele, die im Sterben liegen, nennen noch Namen von Leuten, die längst verstorben sind. Das wird ihnen dadurch unmöglich gemacht, daß man ihnen ein Kopftuch in den Mund steckt ...«

Die deutlichsten Anhaltspunkte der unterschiedlichen Jenseitsvorstellungen der Naturvölker unter dem Einfluß von geistigen Erfahrungen sind das Wiedersehen verstorbener Angehöriger, die paradiesische Landschaftsbeschreibung und das immer wiederkehrende Motiv des göttlichen Lichtes.

Hinduismus

Was im Westen unter dem Sammelnamen *Hinduismus* verstanden wird, meint in Wirklichkeit die vielfältige religiöse Welt Indiens. Grundlage dieses Glaubens sind die

Veden (Veda-Schriften), was übersetzt »heiliges Wissen« bedeutet. Die vedische Religion wurde von Einwanderern – indo-europäischen Nomaden – um die Mitte des zweiten Jahrtausends nach Indien gebracht.

Von ihren vorherrschenden Jenseitsvorstellungen weiß man, daß die Seele nach dem Verbrennen des Leichnams einen Zwischenzustand einnimmt, wobei sie in dieser Zeit als Geist auf Erden weilt und darauf wartet, in die Welt der Ahnen zu gelangen. Beim Übertritt ins Totenreich sind Gewässer zu durchqueren, wie auch die Hunde des Totengottes Yama passiert werden müssen. Im Ahnenreich angekommen erwartet die Verstorbenen ewiges Leben, vorausgesetzt, daß ein lauteres Leben geführt wurde. Die Übeltäter freilich landen in der tiefschwarzen Dunkelheit der Hölle.

Um ca. 1000 v. Chr. drangen die Nachfahren der eingewanderten Indo-Europäer weiter nach Süden und Osten vor und versuchten, die ansässige Bevölkerung zu beherrschen. Sie führten das noch heute geltende Kastenwesen ein. Die Zuwanderer beanspruchten für sich die Priesterkaste und kontrollierten die heiligen Schriften und Zeremonien. Unter den als Brahmanen bezeichneten Priestern entstanden die *Upanischaden*, sogenannte Geheimlehren. Hier findet sich der zentrale Gedanke der hinduistischen Lehre: die Lehre von der Wiedergeburt. Sie besagt, daß die Lebensumstände jedes einzelnen Lebewesens vom Wissen und von den Taten seines vorhergehenden Daseins bestimmt werden, von selbst verursachten Auswirkungen, die man *Karma* nennt. Die Seelen wandern in einem schier endlosen Kreislauf. Das Rad der Wiedergeburt dreht sich so lange fort, bis die Seele aus diesem Kreislauf erlöst wird, und zwar durch pflichtbewußtes und selbstloses Handeln (Prinzip der bedingungslosen Liebe). Sie geht dann in den Gott *Wischnu* ein. Nach dem Tod befindet sich die Seele in einem Wartezustand und in einer Umgebung, die den

Taten des vergangenen Lebens entspricht. Die Schlechten landen wie in allen anderen Jenseitsvorstellungen der Menschen in der Hölle. Wichtig ist für die Religiosität des Hinduisten der Augenblick, wo die Seele im Tod den Körper verläßt.

Die *Bhagavad Gita* rät den Lebenden in einem Lehrgedicht: »In der Todesstunde, wenn der Mensch den Leib verläßt, muß im Scheiden sein Bewußtsein völlig in mir aufgehen. Dann wird er mit mir vereinigt werden. Dessen sei gewiß ... Mach es zum festen Brauch, das Sich-Versenken zu üben, und lasse dabei deinen Sinn nicht schweifen. Auf solche Weise wirst zum Herrn du eingehen, zu ihm, der Licht gibt und der Allerhöchste ist.«

Indiens Religiosität ist alles andere als einheitlich. Trotz der Vielfalt der Götterwelt dokumentieren die heiligen Schriften den Glauben an den einen Gott, den Allerhöchsten, wie er in dem obigen Text bezeichnet wird.

Buddhismus

Im Alter von 29 Jahren, im Jahre 450 v. Chr., beschloß Siddhártha Gautama, seinem wohlhabenden Umfeld den Rücken zu kehren. Er suchte nach religiöser Erleuchtung und übte sich im Fasten und der Meditation. In der Überlieferung heißt es, daß Siddhártha eines Tages unter einem heiligen Baum saß und dabei erleuchtet wurde. Er erhielt den Auftrag, anderen Lebewesen bei der Suche nach Wahrheit und Erlösung behilflich zu sein. Gautama wurde fortan unter dem Namen *Buddha* (Erleuchteter) weltberühmt. Buddha lehrt nun – vor dem Hintergrund der zeitgenössischen hinduistischen Religion, die an eine endlose Kette von Seelenwanderungen glaubt –, daß sich der Mensch selbst aus dem Kreislauf der Wiedergeburten erlösen könne. Hierzu fordert Buddha bestimmte Verhaltensregeln: Im Leben ist es von größter Bedeutung, folgende Taten zu unterlassen: Töten, Nehmen von Nichtgegebenem, sexuelle Ausschreitungen, Gebrauch von berauschenden Getränken und anderen Rauschmitteln. Aktiv zu pflegen sind die vier edlen Weisheiten: Liebevolle Gesinnung, Mitleid, Mitfreude und Gleichmut.

Alle Verhaltensweisen zusammen werden als *der edle achtfache Pfad* bezeichnet, wobei durch deren Beachtung der eigene Geist durch Disziplin, Weisheit und gerechtes Handeln zur höheren Erkenntnis geführt wird. Zu den Grundüberzeugungen des Buddha gehörte, daß Leben stets mit Leid verbunden ist. Jedes Festhalten an irdischen Dingen erzeugt demzufolge neues Leid und verhindert die Erlösung. Deswegen werden nur wenige Menschen zum Buddha. Nur die Seele des Erleuchteten geht nach dem Tod ins *Nirwána* ein, was soviel wie »Erlöschen«, »Verwehen« bedeutet und sich auf das Leid und die Verhaftungen des Lebens bezieht, nicht aber auf die Vernichtung des Seins schlechthin!

Dieser ursprüngliche Buddhismus eröffnete nur wenigen Menschen die Möglichkeit, sich selbst aus dem Rad der Wiedergeburten (*Samsára*) zu befreien.

Dieser sogenannte *Hinayána-Buddhismus* (kleines Fahrzeug) wandelte sich in eine neue Richtung, den *Maháyána* (großes Fahrzeug) in der ersten Jahrtausendhälfte unserer Zeitrechnung. Nun blieb die Möglichkeit der Erlösung nicht auf wenige Personen beschränkt, sondern sie gilt für eine unendlich große Zahl von Lebewesen. Im Maháyána-Buddhismus soll jedes Wesen den anderen auf ihrem Weg zur Erlösung behilflich sein. Besondere Bedeutung haben die *Bodhisattvas*, die bereits die Buddhawürde erreicht haben und aus höheren Welten dem Gläubigen auf seinem Wege helfen und ihn unterstützen.

Neben den beiden geschilderten Formen des Buddhismus gibt es das *Tantrayána*. Ein *Tantra* ist eine Sammlung religiöser Schriften mit magischem und mystischem Inhalt. Tantras versprechen eine schnelle und wirksame Erlösung, sollen aber unter Anleitung eines Lehrers (*Lama*) benutzt werden. Der bekannteste Text dieser Art ist das *Tibetische Totenbuch* »*Bardo Thödol*«. Die Gelegenheit zur Erlösung ergibt sich in besonderen Zwischen- oder Grenzsituationen, z. B. im Mutterschoß, im Traum oder in der Meditation. Die im Totenbuch niedergelegten Jenseitsvorstellungen unterscheiden sich grundlegend von der westlichen Auffassung. Der Verstorbene soll auf seinem Weg ins Jenseits begleitet werden im Schwebezustand zwischen Leben und buddhistischem Paradies.

Im Totenbuch ist von drei Bardos die Rede. *Bardo* bedeutet »zwischen zwei«, »Nach-Tod-Zustand«, »Zwischenzustand« und ist eine Möglichkeit, im Sterbeprozeß zur Erlösung zu gelangen, sofern der Verstorbene auf seinem Weg durch das Bardo sich nicht von den trügerischen Erscheinungen, die ihm sein Geist vorgaukelt, ablenken läßt.

Im Augenblick des Todes ergibt sich im ersten Bardo die beste Möglichkeit zur Erlösung. Durch das Vorlesen des Totenbuchs durch einen Lama oder Geistlichen in bis zu 49 Tagen nach dem Tod soll sich der Verstorbene an die bekannten Tantras erinnern, damit er erlöst werden kann. Im zweiten Bardo begegnet er der wahren Natur der Dinge, die in der Leerheit liegen. Die wahre Natur der Dinge ist strahlendes Licht. Der Geist ist aber dann selbst wie strahlendes Licht, sofern er vom Karma endgültig befreit ist. Der Verstorbene hat aber in diesem Moment die Chance, sich gleichsam von oben zu sehen, gute oder schlechte Taten seines Lebens abzuwägen und durch die Lösung vom Körper und durch das Sehen des Urlichts befreit zu werden. Das schaffen die meisten Menschen nicht, weil ihr Karma noch zu stark ist. Durch das Schockerlebnis des Todes fallen sie dann in eine Art Ohnmacht.

Für den Verstorbenen beginnt nun die Zeit der karmischen

Trugbilder, Visionen und Mythen, wobei eine besondere Bedeutung den Farben zukommt: Weißes und blaues Licht sind die Farben der Ewigkeit. Gelbes Licht symbolisiert alles Irdische, von dem der Tote sich lösen soll. Danach begegnet die Seele dem roten Licht, der Farbe des Feuers. Sie muß sich entsagen und meditieren. An vierter Stelle steht das grüne Licht, das als Urform der Luft interpretiert wird. Die Seele wird bei diesem Anblick vom Gefühl der Eifersucht ergriffen, darf aber nicht fliehen. Im Reich der Farben muß die Seele klare Lichter finden, denn alle trüben Lichter führen in die Hölle und in eine niedrigere Wiedergeburt.

Im Tibetischen Totenbuch werden aus psychologischer Sicht psychische Zustände des Menschen geschildert, und zwar in Form der verschiedenen Gottheiten, denen der Verstorbene begegnet. Zunächst sind diese Wesen friedlich, dann aber werden es zornige Wesen, die bedrohen und zerstückeln wollen. Die Seele muß erkennen, sich nicht zu fürchten, da ihr Körper vergeistigt ist und somit nicht verletzlich. Die Anweisungen im Tibetischen Totenbuch besagen überdies, daß die Schreckgestalten der eigenen psychischen Vorstellung entspringen. Wenn der Verstorbene sich von allen weltlichen Gefühlen – wie z. B. Verblendung, Haß, Ruhmsucht – befreien konnte, ist er erlöst.

Ansonsten tritt er nun in den dritten und letzten Bardo ein: den Wiedergeburtsprozeß. Der Geist des Toten wird vom Karma umhergetrieben und wird der Schreckgespenste nicht Herr. Er ist mit den eigenen Makeln konfrontiert: Gier, Haß und Nichtwissen. So hofft er schließlich auf einen neuen Körper, wobei er auf keine Gnade hoffen kann. Der Geist, die Seele selbst, muß durch Selbsterkenntnis über das Leid siegen. Nur dann kann sie sich selber erlösen. Diese Verhaltensanleitungen im Leben nach dem Tod entsprechen in mancher Hinsicht den Erfahrungen von

Menschen mit NTE. Schon das Tibetische Totenbuch verweist auf die Höllenerfahrungen, die hier als psychische Vorstellungen der Menschen, als Begegnung mit ihrer eigenen Angst in Form von Schreckgestalten beschrieben werden.

Die Möglichkeiten zur Erlösung der im Bardo beschriebenen Zwischenzustände des Tibetischen Totenbuchs hat diesem seinen Namen gegeben. *Bardo Thödol* bedeutet: Die große Erlösung durch *Hören* im Zwischenzustand.

Die östlichen Religionen empfehlen, den Zustand der Erlösung durch körperliche Übungen sozusagen schon vorab zu üben. Daraus entstand der japanische Zen-Buddhismus, der Erzählungen und Aussprüche benutzt, um einen Zustand meditativer Versenkung zu erreichen. Im *Kundalini Yoga* wird versucht, körperliche und geistige Übungen gleichzeitig durchzuführen. Die gemachten Erfahrungen ähneln in gewisser Weise den NTEs.

Ein kurzes Beispiel Gopi Krishnas dazu: »Ich war nicht länger ich selbst, oder, um genauer zu sein, nicht länger so, wie ich mich selbst kannte, ein kleiner Lichtpunkt und in einem Bewußtseinszustand, der in einem Körper eingesperrt war. Aber statt dessen war ein weiterer Kreis von Bewußtsein, in dem der Körper nur ein Punkt war, gebadet in Licht und in einem Zustand von Verzückung und Glück, wie es sich nicht beschreiben läßt.«[51]

Im Tibetischen Totenbuch hat der Sterbende im zweiten Bardo außerkörperliche Wahrnehmungen und nimmt einen immateriellen Körper an, mit dem er sich umherbewegt. Er macht Beobachtungen, kann hören und sehen und nimmt Lichter und Strahlen wahr. Der vorgezeichnete Weg der Erlösung im Sinne des Buddhismus schreibt allerdings vor, diese Wahrnehmungen als weltliche Trugbilder zu betrachten. Sehr wahrscheinlich sind Auszüge aus Totenbettgesprächen tatsächlich ins Totenbuch eingeflossen.

Die alten Ägypter

Die Religion des frühen Ägyptens (2660–2160 vor Chr.) gleicht in mancher Hinsicht den Naturreligionen: Verehrt wurden ortsansässige Götter und Mächte, die für Wachstum und Fruchtbarkeit verantwortlich waren. Vor allem die Abhängigkeit von der Fruchtbarkeit des Nil prägte das religiöse Verhalten der Menschen.

Die Hoffnung der alten Ägypter auf ein Weiterleben im Jenseits und das praktizierte Ritual der Einbalsamierung hat seinen Ursprung im Osiris-Mythos.

Osiris, der Gott der Fruchtbarkeit, war der Gemahl seiner Schwester Isis. Sein Bruder Seth, Inbegriff des Bösen, neidete ihm die Achtung des Volkes: Er ließ eine sargähnliche Lade bauen, die genauestens den Körpermaßen des Osiris entsprach. Unter Vorwänden lockte Seth Osiris in die Lade, ließ sie dann mit flüssigem Blei ummanteln und warf dann den so ermordeten Osiris in seinem Gefängnis in den Nil. Isis machte sich auf die Suche nach den sterblichen Überresten ihres Gemahls und fand die Lade schließlich in Byblos in den Ästen eines Baumes, der fruchtbar wuchs und wuchs. Sie holte ihn nach Ägypten zurück und bestattete ihn dort. Seth erfuhr davon, zerstückelte die Leiche in 14 Teile und zerstreute sie in alle Himmelsrichtungen. Isis gelang es, alle Leichenteile wiederzufinden bis auf den Penis, der den Fischen zum Fraß vorgeworfen worden war. In Vogelgestalt verwandelt schwebte Isis über der Leiche und holte Osiris durch magische Formeln ins Leben zurück. Sie zeugten nach seinem Tod Sohn Horus, in dem Osiris fortlebte, gleichzeitig wurde der wiederbelebte Osiris Herrscher des Totenreiches.

Die rituelle Bestattungspraxis in den gewaltigen Grabbauten und den Pyramiden sowie die Einbalsamierung, um den Körper unversehrt für die Ewigkeit zu erhalten, drückt die altägyptische Hoffnung auf Unsterblichkeit und körperliche Auferstehung aus. Die Seele (*Ba*) ist nach ihrem Übergang frei beweglich und unabhängig vom Körper. Um aber in der Unterwelt weiterleben zu können, muß die Seele sich immer wieder mit dem Körper vereinigen. Nach Ansicht der Ägypter hat sie ein materielles Verlangen wie Nahrungsaufnahme – deswegen die zahlreichen Grabbeigaben und Speiseopfer.

Aus den magischen Sprüchen zum Schutz der Verstorbenen (*Hieroglyphen*), zur Begleitung der Seele in der Unterwelt bzw. im Jenseits und der erklärten Absicht der Wiederbelebung entstand das *Ägyptische Totenbuch*.

Im späteren Ägypten wurde die Sonne durch Echnaton ins Zentrum des Religiösen gerückt, deren Reichweite nun einen universalen Glauben begründete.

Im alten Mesopotamien, dem Land zwischen Euphrat und Tigris, glaubte man, daß nach dem Tod sich die Seele nach Westen aufmache, um in die Unterwelt einzutreten. Die Aussicht war allerdings, an einen trostlosen Ort nach dem Leben zu gelangen. Man glaubte nicht an ein unsterbliches Sein.

Im Gilgamesch-Epos – einer der ältesten erhaltenen Erzählungen der Weltliteratur, ist der Held auf der Suche nach Unsterblichkeit – ohne Erfolg. Dennoch gelingt es ihm, in das Reich des Todes einzudringen und zurückzukehren. Dieser Text ist dann in bezug auf heutige Sterbeerfahrungen außerordentlich aufschlußreich: »Gilgamesch verließ die Welt und kroch durch einen endlosen dunklen Tunnel. Es war ein langer, unbequemer Weg, ... aber zum Schluß sah er Licht am Ende der dunklen Röhre. Er kam zum Ausgang des Tunnels und sah einen prächtigen Garten. Die Bäume trugen Perlen und Juwelen, und über allem strömte ein wundervolles Licht seine Strahlen aus. Gilgamesch wollte in der anderen Welt bleiben. Aber der Sonnengott schickte ihn zurück in sein Leben.«[52]

Die alten Griechen und Römer

Die Griechen nahmen an, es gebe neben einem sterblichen Körper und einem Geist, der nach dem Ableben in den Weltgeist zurückkehrt, auch eine individuelle Seele, die nach dem Tod in die Unterwelt, den Hades eingeht. Ein trostloses Schattendasein und eine beständige Sehnsucht nach dem früheren Leben bestimmen das Schicksal der Bewohner. Eine paradiesische Zukunft erwartet nur die, welche von den Göttern in die »Elysischen Gefilde« erhoben werden.
Plato ersetzt die trostlose Welt des Hades durch ein individuelles Schicksal, das an die Taten des früheren Lebens geknüpft ist. Genauso findet sich bei diesem Philosophen der Gedanke an Wiedergeburt – als Prozeß von begrenzter Dauer, der zur Glückseligkeit führt. Der Körper galt ihm als Grab der Seele. Im alten Griechenland versuchte man daher schon zu Lebzeiten, den Körper durch rituelle Gottesdienste zu verlassen, wobei die Teilnahme nur Eingeweihten vorbehalten war.
Plutarch beschreibt diese als »Eleusinische Mysterien«: »Die Seele (zum Zeitpunkt des Todes) macht dieselbe Erfahrung wie diejenigen, die in die großen Mysterien eingeweiht wurden.«[53]
Eine der bekanntesten altertümlichen Nahtoderfahrungen schildert Plato in seinem staatspolitischen Werk »Politeia«.[54] Die Vorstellungen der Griechen über den Hades fanden Eingang in die römische Kultur. In Vergils »Aeneis« schickt der Dichter den Helden ins Totenreich in Anlehnung an Homers »Odyssee«. Mit Hilfe der Sibylle dringt er in den Vorhof des Totenreichs ein, eine Begegnung mit der Hölle. Die zweite Schwelle bildet der große Strom, wo der Fährmann Charon darüber wacht, daß nur diejenigen ans andere Ufer gelangen, die ein geweihtes Begräbnis hatten. Aeneas und die Sibylle betreten nun ein weiteres Schat-

tenreich, in dem der Totenrichter Minos die Verstorbenen nach dem Grundsatz richtet, wie ihr Leben auf Erden war. Schließlich durchschreitet das Paar die Pforte ins Elysium. Es ist ein heller, freundlicher Ort, das Paradies der Seligen. Aeneas begegnet seinem Vater, der ihn über Seelenwanderung und Wiedergeburt belehrt. Alle, die noch nicht vollständig ihre Schulden abgearbeitet haben, kehren alle 1000 Jahre in einem Körper zurück. Vorher trinken sie aus dem Fluß Lethe, wo sie das Vergessen trinken, um erinnerungslos wiedergeboren zu werden.

Die alten Germanen

Eine der wichtigsten Quellen der altnordischen und germanischen Kulturen ist die »Edda«. Der oberste Gott ist Wodan (Südgermanen) oder Odin (Nordgermanen). Er ist Göttervater, Totenführer und Herr von Walhall. In diesen germanischen Himmel können nur diejenigen einziehen, die im Krieg gestorben sind. Wer natürlich stirbt, kommt in das Reich der Hel, einer düsteren, freudlosen Schattenwelt, von wo aus sie nach Niflheim gelangen, einer nördlichen Eiswelt. Doch der germanische Himmel ist befristet.
Odin verursacht die Kriege auf der Welt, um mutige Kämpfer zu sammeln für den letzten Kampf. Es ist der Weltuntergang, mit dem die Erde und die Götter ihr Ende finden. Doch dann wird eine neue Erde entstehen und ein goldenes Zeitalter anbrechen.

Monotheistische Religionen

Vorauszuschicken sind einige Bemerkungen über den Unterschied zwischen den monotheistischen Religionen und den anderen. Im Hinduismus und Buddhismus ist der Lauf der Welt durch ein ewiges Weltgesetz bestimmt, dem selbst die Götter unterliegen. Alles Leben und Sein vollzieht sich in wiederkehrenden Kreisläufen von Werden und Vergehen. Einen unabhängigen, allmächtigen Gott gibt es nicht, und selbst die Geschichte folgt keinem übergeordneten Sinn oder Ziel. Der einzelne wird durch das Rad der Wiedergeburten bestimmt, und die Erlösung aus diesem Kreislauf kann nur aus eigener Kraft erfolgen.

Die Perspektive monotheistischer Religionen ist da völlig anders: Die Welt und ihre Gesetze gelten als das Werk eines allmächtigen, allwissenden und persönlichen Gottes. Dieser befindet sich außerhalb seiner Schöpfung, greift also wenig in den Lauf der Geschichte ein, obwohl er sich dem Menschen in vielfältiger Weise immer wieder offenbart, sich zu erkennen gibt und Heilswege aufzeigt. Die Geschichte hat einen Anfang und ein Ende, das Ziel ist das jenseitige Reich Gottes.

Judentum

Das Alte Testament ist die Grundlage der israelitischen Religion. Die fünf Bücher Moses bezeichnet man als *Thora*. Im jüdischen Glauben entwickelt sich die Vorstellung von einer Unterwelt, in die der Mensch nach seinem Ableben einkehrt. Das Dasein in jenem Schattenreich, das man »Scheol« nannte, war trostlos. Der Tod wird generell als Strafe betrachtet, die über Adam und Eva verhängt wurde. Die großen Propheten der frühen Zeit des Alten Testaments waren Unheilsverkünder, die das drohende Gericht Jahwes über sein ungehorsames Volk verkündeten. Unter dem Eindruck von Religionsverfolgungen entstand langsam ein Auferstehungsglaube, der sich dann im *Buch Daniel* verdichtet.[55]

Im Laufe der Zeit entwickelte sich die Hoffnung auf ein

lichtvolles Weiterleben im Jenseits. Der jüdische Glaube beinhaltet die Erwartung, daß das Reich Gottes eines Tages anbricht, das durch einen Messias verkündet und errichtet wird. Im *Talmud* und *Midraschim*, den Quellen der Auslegung der Heiligen Schriften, finden sich Beschreibungen des Judentums (mosaische Religion). Der Begründer *Moses* findet die Berufung zum politischen und religiösen Führer seines Volkes durch eine Gotteserfahrung am Berg Horeb.[56]

Christentum

Die Geburt des Jesus von Nazareth in Palästina fand während der römischen Besatzung statt. Seine Gottessohnschaft bekunden die vier Evangelien im Neuen Testament. Jesu Wirken wird als Fortsetzung und Erneuerung der jüdischen Tradition betrachtet. Im Zentrum der Botschaft Jesu steht die Liebe zu Gott und dem Nächsten.
»Am Ende wird Jesus Christus zum Tode verurteilt und steht am dritten Tage wieder auf.« Das Christentum basiert auf diesem Auferstehungsglauben: Jesus hat durch seinen Tod und seine Auferstehung die Menschheit erlöst vom Sold ihrer Sünden. Entscheidend am christlichen Glauben ist die Vorstellung des *Nur-Einmal-Lebens*. Die menschliche Seele ist zwar unsterblich, bleibt aber bis zum Jüngsten Gericht auch im Jenseits mit dem Körper verbunden, da dann die wörtlich gemeinte Auferstehung aller Toten erfolgen soll. Das christliche Bild vom Leben nach dem Tod beinhaltet, daß die ewige Seele mit dem transformierten Leib wieder vereinigt wird.
Andererseits existiert die Vorstellung vom Ende der Welt gekoppelt mit dem Beginn eines neuen Zeitalters und einer neuen Erde, dem himmlischen Jerusalem. All diejenigen jedoch, die gesündigt haben, fallen der ewigen

Verdammnis anheim. Diese Vorstellungen der christlichen Religionen gerade in bezug auf das Nur-Einmal-Leben hat die abendländische Kultur entscheidend geprägt. Wem es nicht gelingt, in diesem einen Leben im Sinne der Bibel zur Vollendung zu kommen, ist als Mensch für alle Zeit verloren und wandert in die ewige Hölle. Hier sei auf die allseits bekannten Folgen dieses Irrglaubens im Mittelalter (Hexenprozesse, Verbrennungen, Folter, Aberglaube) verwiesen. Wenn das Leben schon furchtbar ist, so erwartet den »Sünder« im Jenseits ein ewiges Konzentrationslager. Jesus Christus allerdings verweist in seinen Lehren auf die bedingungslose Liebe Gottes und auf den Umstand, daß das Reich Gottes inwendig in jedem Menschen verankert ist. Das ist aber auch die einhellige Botschaft der Menschen mit NTE. Was nun die Vorstellung vom Ganztod des Menschen bis zu seiner Auferstehung am Jüngsten Tag betrifft, so hat Papst Johannes Paul II. im Oktober 1998 die Gläubigen in einer Generalaudienz im Vatikan darauf aufmerksam gemacht, daß das Leben nach dem Tod nicht erst mit der endzeitlichen Auferstehung beginnt, und daß ein geistiges Element als eigenes Bewußtsein direkt nach dem Tod weiterexistiert.

»Man darf allerdings nicht glauben, daß das Leben nach dem Tod erst mit der endzeitlichen Auferstehung beginnt. Dieser geht in der Tat jener spezielle Zustand voraus, in dem sich jeder Mensch vom Augenblick des physischen Todes an befindet. Es handelt sich um eine Übergangsphase, bei welcher der Auflösung des Leibes die Fortdauer und Subsistenz eines geistigen Elementes ›gegenübersteht‹, das mit Bewußtsein und Willen ausgestattet ist, so daß das ›Ich des Menschen‹ weiterbesteht, wobei es freilich in der Zwischenzeit seiner vollen Körperlichkeit entbehrt.«[57]

Das katholische Oberhaupt scheint hier nun die geistigen Erfahrungen von Millionen von Menschen mit NTE zu bestätigen. Daraus kann man dann folgern, daß die »Auferstehung« direkt im Todesmoment erfolgt. Den vielen Experten des Neuen Testamentes ist wohl entgangen, daß sich schon Jesus den Jüngern in einem geistigen Leib zeigte.

Islam

So sehr sich das Leben in islamischen Staaten mit fundamentalistisch ausgerichteten Gesellschaftssystemen von christlich geprägten Ländern unterscheidet, so eng verbinden sich die Jenseitsvorstellungen beider Kulturen. Der islamische Glaube basiert auf der Auffassung, daß es nur einen Gott – *Allah* gibt. Jede Art von Vielgötterei ist die schlimmste Sünde, selbst die Dreieinigkeit im Christentum ist Irrlehre.

Die Grundlage des Islam ist der Koran, der durch den Propheten Mohammed (570 n. Chr. in Mekka geboren) durch göttlich inspirierte Eingebungen empfangen wurde. Die 114 Abschnitte, *Suren* genannt, gelten den Moslems als heiliges Buch, wobei der Islam sich als Vollendung und Erfüllung der jüdisch-christlichen Tradition begreift.

Wie schon das Alte und Neue Testament, so gibt der Koran nur spärlich Auskunft über ein jenseitiges Leben: Nach dem Koran wird der Mensch als nicht von Natur aus sündig betrachtet. Erlösung ist daher nicht erforderlich. Dennoch besteht eine sittliche Verantwortung, da der einzelne beim Jüngsten Gericht vor Gott Rechenschaft ablegen muß. Der Jüngste Tag kündigt sich nach einem Zwischengericht und dem Zusammenbruch der Welt an, wobei dann entschieden wird, ob die Seele ins Paradies eingeht oder Höllenqualen erleiden muß.

Auch hier ist die Jenseitserwartung von Himmel und Hölle geprägt.

Fazit

Beim Judentum, Christentum und Islam handelt es sich um gestiftete Religionen. Moses, Jesus und Mohammed verstanden sich als gottgesandte Begründer bzw. Erneuerer des Glaubens. Sie zeigten alle große Anteilnahme an der religiösen und gesellschaftlichen Situation ihrer Zeit.
Moses' Berufung erfolgt durch einen brennenden Dornbusch, in welchem ihm Gott begegnet. Diese äußerliche Erscheinung, wie sie in der Bibel beschrieben wird, war vermutlich eine tiefe, innere, transzendente Erfahrung.
Jesu erster Kontakt zu den religiösen Bewegungen seiner Zeit erfolgte durch die Taufe Johannes des Täufers.[58] Danach ging er in die Wüste, um zu fasten. Während dieser Zeit muß er seine Berufung erfahren haben, denn im Anschluß daran begann Jesus öffentlich zu predigen. Die in der Bibel bekannte Verklärung – wodurch auch eine Brücke zum Alten Testament geschlagen wurde – nennt später mehrere Begleiter als Zeugen.[59]
Die Evangelisten brauchten Zeugen, um die göttliche Berufung Jesu zu bestätigen. In Wirklichkeit erfolgte diese vermutlich als persönliche innere Erfahrung.
Die Berufung Mohammeds hat sich in der Höhle des Berges Hira ereignet, wohin er sich zur Meditation zurückgezogen hatte. Er wird quasi gezwungen zu seinem Auftrag. Erst allmählich begreift Mohammed den Sinn des Erlebten, was für eine tiefe, nachhaltige Transzendenzerfahrung spricht.
Gemeinsam ist den Stiftern der monotheistischen Religionen, daß sie alle durch eine grenzüberschreitende Erfahrung berufen worden sind. Wie bei Nahtoderfahrungen erfolgte dadurch ein Wiedererinnern dessen, weswegen sie gesandt worden waren.
Wie aufgezeigt wurde, stehen transzendente Erfahrungen am Ursprung aller Religionen.

7. Kapitel
Wiederbegegnung mit Verstorbenen

In diesem Kapitel erfahren Sie

- von den vielfältigen Erfahrungen von Menschen, die nach dem Tod eines Angehörigen einen spontanen Kontakt mit ihm hatten

- vom Gegenwartsempfinden und tröstlichen Berührungen von Verstorbenen

- von visuellen Erscheinungen

- vom Schutz und Eingreifen durch Hinübergegangene bei Gefahr

- wie die Sterbeforschung diese Phänomene zu erklären versucht

Nachtodkontakte

Unzählige Menschen machen nach dem Tod eines Angehörigen oder Freundes eine Erfahrung, über die sie nur wenig oder gar nicht zu sprechen wagen: Ein geliebter Verstorbener nimmt von sich aus Kontakt zu ihnen auf.
Nicht selten werden die Betroffenen durch einen Nachtodkontakt emotional wie auch spirituell stark beeinflußt. Die Kontakte erweisen sich fast immer als tröstlich und helfen den Hinterbliebenen bei ihrer Trauer. Nachtodkontakte sind wesentlich verbreiteter in der Bevölkerung als die Nahtoderfahrung. Eine Studie von 1997 belegt einen Anteil von 50 Millionen Amerikanern, die Kontakte mit Verstorbenen hatten. Das sind etwa 20 Prozent der Bevölkerung der Vereinigten Staaten.
In Gesprächsgruppen und Seminaren über Sterben und Tod zeigt sich, daß Nachtoderfahrungen viel weiter verbreitet sind, als allgemein angenommen wird. Nicht zuletzt ist die Reaktion von Angehörigen dem Thema gegenüber meistens abwertend, ablehnend und negativ, so daß ein eigentlicher Austausch über das Erlebte oft nicht möglich ist, nicht selten aus Angst für nicht normal zu gelten. Eine neue Offenheit im Umgang mit diesen sensiblen Themen ist dringend erforderlich. Nahtoderfahrungen, aber auch Kontakte mit Verstorbenen sollten als Geschen-

ke betrachtet werden, weil sie uns die Tatsache vermitteln, daß das Leben nach dem Tod weitergeht. Häufig kommt es vor, daß Nachtodkontakte die Betroffenen eher verunsichern.

»Tatsache ist, daß wir nicht wissen, warum manche Menschen Nachtodkontakte erleben und andere nicht. Wir wissen nicht, warum manche Menschen im Augenblick des Todes von dem Sterbenden kontaktiert werden, während andere erst Jahre später Besuch erhalten. Wir wissen nicht, warum die einen Visionen haben, andere wiederum eine Stimme vernehmen. Eines jedoch ist sicher: All diese Dinge geschehen tatsächlich!«[60]

Bei Nachtodkontakten, den Begegnungen und Erscheinungen von Verstorbenen, gibt es zwölf Haupttypen oder Formen:

1. Kontakte mit Gegenwartsempfinden.
2. Stimmen und Botschaften: Nachtodkontakte mit Gehörwahrnehmung.
3. Tröstliche Berührungen: Tastwahrnehmung.
4. Duft der Erinnerung: Geruchswahrnehmungen.
5. Visuelle Erscheinungen – partiell oder vollständig.
6. Blicke über die Grenze: Visionen.
7. Begegnungen zwischen Wachen und Schlafen.
8. Kontakte im Schlaf.
9. Out-of-body-Kontakte.
10. Telefonische Nachtodkontakte.
11. Physikalische Phänomene: Materie in Bewegung.
12. Nachtodkontakte ohne Kenntnis der Todesnachricht.

Hinzu kommt noch, daß Menschen durch das Einschalten verstorbener Angehöriger vor einer Gefahr beschützt wurden, vor Lebensbedrohung gerettet wurden oder gar von einem Suizidversuch abgehalten wurden. Im folgenden soll nun auf die einzelnen Kriterien näher eingegangen und durch prägnante Beispiele ergänzt werden.

Gegenwartsempfinden

Die Fälle, in denen die Gegenwart eines verstorbenen Freundes oder Angehörigen gespürt wird, sind innerhalb der Formen von Nachtodkontakten am meisten verbreitet. Dieses innere Wissen bzw. die intuitive Wahrnehmung, daß sich der Verstorbene im Raum oder Umfeld befindet, stellt ein unmittelbares, fast körperliches Empfinden von Nähe dar. Die Präsenz wird als vertraut empfunden, wobei diese für den Erfahrenden eindeutig auf die Identität und Persönlichkeit des Verstorbenen schließen läßt. Nachtodkontakte ereignen sich in der Regel plötzlich aus keinem erkennbaren Grund oder Anlaß. Es sind diese spontanen Augenblicke spiritueller Vereinigung, die uns mit Freude erfüllen und ein inneres Wissen vermitteln, welches ein Leben lang anhalten kann.

Eine 56jährige Hausfrau, deren Mutter sich drei Jahre nach ihrem Tod bei ihr meldete, berichtet: »Ich fuhr die Straße entlang – wie jeden Tag auf dem Heimweg von der Arbeit. Plötzlich war meine Mutter bei mir im Auto! Sie war einfach da. Ich spürte ihre Gegenwart, ihr ganzes Wesen, als säße sie neben mir. Fast glaubte ich, sie berühren zu können! Ich empfand ein unbeschreibliches Gefühl von Wärme, einer liebevollen und tröstlichen Wärme, so als wolle meine Mutter mir zu verstehen geben, daß sie immer für mich da sei. Es war ein wunderbares Erlebnis. Obwohl es nur kurze Zeit dauerte, schwebte ich danach fast vor Glück.«[61]

Gehörwahrnehmungen

Bei vielen Nachtodkontakten werden verbale Botschaften übermittelt. Die Menschen berichten von einer Stimme, die mitunter von außen kommt, meistens sich aber über das Innere und Gedanken kundtut. Diese wird auch als

telepathische Kommunikation bezeichnet. In jedem Fall ist es leicht zu erkennen, mit wem gesprochen wurde.
Karens Bruder wurde bei einem Autounfall durch einen betrunkenen Autofahrer getötet. Unvermittelt hörte sie fünf Monate später seine Stimme im Kopf. Er sagte ihr, sie solle sich keine Sorgen machen. Alles sei in Ordnung. Sie dachte, sie hätte sich das Ganze nur eingebildet, als sie zwei Minuten später noch eine Mitteilung erhielt:
»Mein Unfall ist nicht von Bedeutung. Er ist nicht wichtig. Hör auf zu grübeln!«

Tröstliche Berührungen

Körperliche Berührungen zwischen Verstorbenen und Lebenden sind eher selten. Sie finden nur zwischen Menschen statt, die eine enge Beziehung zueinander hatten.
Eine Krankenschwester berichtet von einem Erlebnis mit ihrem zwölfjährigen Sohn Mark, der durch einen Unfall auf dem Spielplatz gestorben war: »Im Sommer nach dem Tod meines Sohnes stand ich an der Terrassentür und blickte in den Hof hinaus. Ich dachte an die Zeit, als Mark noch klein gewesen war. Plötzlich legte mir Mark eine Hand auf die linke Schulter. Es war eine sehr leichte, sanfte Berührung. Ich hatte das Gefühl, von etwas Warmem und Tröstlichem umhüllt zu werden. Ich wurde ganz heiter und ruhig. Es war das erste Mal, daß ich nach seinem Tod etwas wie Frieden fand.«[62]

Duft der Erinnerung

Kontakte mit Verstorbenen, in denen Gerüche wahrgenommen werden, die mit bestimmten Angehörigen oder Freunden assoziiert werden, finden relativ häufig statt. Der

Raum ist plötzlich mit einem bestimmten Geruch erfüllt, dem keine konkrete Quelle zuzuordnen ist; z.B. bestimmte Duftwasser, Parfüme, After-shaves, Blumen, Getränke, Tabak etc. Es ist die Form eines Nachtodkontaktes, welche manchmal von mehreren Menschen gleichzeitig wahrgenommen werden kann.

Sharon, eine 34jährige Pressereferentin aus Florida, wurde von ihrer verstorbenen Großmutter besucht.

»Meine Großmutter hatte einen ganz eigenen Geruch – er gehörte irgendwie zu ihr. Manchmal ist das bei älteren Leuten so. Ihrer war wunderbar – überhaupt nicht unangenehm. Es war ein feiner, tröstlicher Großmuttergeruch, ein bißchen Lavendel war mit dabei. Sie benutzte beim Baden immer Lavendelseife und bewahrte Stücke in ihren Wäscheschubladen auf. Ich hatte diesen Duft zum letzten Mal bei ihr zu Hause gerochen. Im folgenden Frühling, ungefähr ein Jahr nach dem Tod meiner Großmutter, ging ich in meinem Haus die Treppe hoch. Da war plötzlich überall ihr Duft! Fr war stark und unverwechselbar.«[63]

Visuelle Erscheinungen

Es gibt zahlreiche Berichte darüber, daß Verstorbene tatsächlich gesehen wurden. Partielle Erscheinungen kommen in Berichten von Menschen vor, die einen Teil des Körpers oder die vollständige Gestalt sahen, wobei die Erscheinung ihnen nicht real vorkam. Die Verstorbenen werden als helles Licht wahrgenommen, als Gesicht, das von einem Lichtschein umgeben war, oder auch als kompletter Körper, dessen Beschaffenheit vom durchsichtigen Nebel bis zur lebensecht wirkenden Gestalt beschrieben wird. Bei den vollständigen Erscheinungen wurde der Körper in seiner Gesamtheit gesehen, wobei die Verstorbenen vollkommen feststofflich und lebensecht wirkten.

Pam, eine Sekretärin, verlor ihren 20jährigen Sohn Brad durch einen Motorradunfall:
»Zehn Tage nach dem Tod meines Sohnes erschien in meinem Schlafzimmer ein Licht. Ich sah Brads Gesicht, seine Augen und sein Lächeln und alles umgeben von Licht. Ich wollte zu ihm und streckte die Arme nach ihm aus. Brad sagte: ›Mama, es geht mir gut!‹ Ich wußte, daß er das sagte, es drang direkt in meine Gedanken ein. Ich sagte: ›Mein Sohn, ich möchte bei dir sein.‹ Er schüttelte lächelnd den Kopf und sagte: ›Nein, deine Zeit ist noch nicht gekommen, Mama.‹ Er sah friedlich und glücklich aus, als er wieder ging. Danach drehte ich mich beruhigt auf die Seite und schlief, wie ich seit Brads Tod nicht mehr geschlafen hatte.«[64]

Ein Innenarchitekt berichtet von einer anrührenden Begegnung mit seinem Lebensgefährten Robert, der mit 38 Jahren an Aids verstarb. Es steht als Beispiel für die Tatsache, daß viele Menschen, die einen Nachtodkontakt erlebten, häufig die Angst vor dem Tod verlieren:
»Es war ungefähr 1 Uhr nachts, und ich schlief tief und fest in meinem Schlafzimmer, als mich eine plötzliche Helligkeit weckte. Es war, als würde mir jemand mit einer Taschenlampe ins Gesicht leuchten – so hell war es!
Als ich die Augen aufmachte, stand Robert direkt neben meinem Bett, nur wenige Zentimeter von mir entfernt. Seine Gestalt war von einem intensiven weißen Licht umgeben; es kam aus ihm heraus, tat aber meinen Augen nicht weh. Der Rest des Zimmers war stockdunkel, ich hatte jedoch keine Angst. Dann passierten viele Sachen gleichzeitig. Ich konnte zwar nicht richtig durch ihn hindurchsehen, aber er war auch nicht ganz fest.
Um seinen Körper bewegten sich so was wie Luftwirbel, schwer zu sagen. Er trug eine Art langes Gewand, vielleicht mit einer Kapuze.
Robert strahlte eine intensive Liebe aus, die mich ganz und

gar durchdrang, als würden sich unsere Energien vermischen. Jede Faser meines Körpers empfand Liebe – vollkommene Liebe, vollkommenes Verständnis und Mitgefühl, ganz anders als das, was wir hier erleben. Es war eine richtig kosmische Erfahrung!
Er hatte sehr schöne Augen, auffällig schöne Augen. Mit der linken Hand berührte ich seinen rechten Arm und spürte eine starke Hitze von seinem Körper abstrahlen. Ich spürte auch eine starke Schwingung.
Dann nahm Robert meinen linken Arm, legte ihn wieder neben meinen Körper und verschwand einfach. Das Licht verschwand mit ihm – ganz plötzlich, als hätte man es ausgeknipst. Von allen Geschenken, die Robert mir je gemacht hatte, war das das schönste. Es war heilsam, und jetzt habe ich keine Angst mehr vor dem Tod. Alles, was ich je von Elisabeth Kübler-Ross über dieses Thema gelesen habe, hat sich bewahrheitet. Ich werde jedem Skeptiker gegenüber bezeugen, daß dieses Erlebnis wirklich stattgefunden hat.«[65]
Einer Anwältin erschien ihr zwölfjähriger Sohn, der an Leukämie gestorben war: »Plötzlich stand Georg am Bett und lächelte über das ganze Gesicht. Ich sah ihn von Kopf bis Fuß. Es war nichts Vergängliches an ihm. Er trug ein gestreiftes T-Shirt und blaue Shorts. Man merkte überhaupt nichts von seiner Leukämie! Er hatte eine Menge Haare, was merkwürdig war, denn am Ende seines Lebens hatte er nicht mehr viele gehabt. Und an der Kopfseite, an der er operiert worden war, gab es keine Narbe mehr. Er sagte: ›Mama, ich bin tot, aber es ist alles in Ordnung. Es geht mir gut.‹ Er sah genauso aus wie früher, als er noch lebte.
Er bewegte sich geschickt und war offensichtlich glücklich und gesund. Dann verschwand er.
Ich war so froh, ihn zu sehen und zu hören, daß es ihm gutging. Ich war mir zwar dessen ziemlich sicher gewesen, aber ich fand es doch schön, daß er kam und es mir selbst sagte.

Ich war überglücklich. Es war ein besonderes Erlebnis, und ich muß jedesmal lächeln, wenn ich daran denke.«
Auffällig ist in diesem Fall, daß die Verstorbenen wieder als ganz und gesund gesehen werden. Das deckt sich mit den Nahtoderfahrungen Gelähmter oder Blinder, die sich ebenfalls als heil empfanden.

Blicke über die Grenze: Visionen

Nachtodkontaktvisionen, die relativ selten sind, ereignen sich in zweierlei Form: Im Außen erscheinen die Verstorbenen als Bilder oder wie Diaprojektionen, oder auch als Hologramme. In inneren Visionen werden sie im Geist wahrgenommen. Die Visionen bestehen meist aus leuchtenden Farben, die wie von einem inneren Licht erhellt wirken. Man verwendete den Vergleich von Glasfenstern, die von hinten angestrahlt werden. Es entsteht der Eindruck, durch eine Öffnung in die spirituelle Welt zu blicken. Bei Nachtodkontaktvisionen kommt es hin und wieder auch zu Mitteilungen. Raymond Moody, der große Pionier der Nahtodforschung, hat in den 90er Jahren versucht, Methoden zu finden, die Begegnungen mit Verstorbenen ermöglichen.
Er erbaute ein sogenanntes »Psychomanteum« auf der Grundlage der Totenorakel des alten Griechenlands. 1958 wurde ein solches Orakel in Epeiros von Archäologen ausgegraben. Man fand die Überreste eines riesigen Bronzekessels. Moody vermutet, »... daß man die Innenseite des Kessels sehr sorgfältig poliert und dann Wasser und Olivenöl hineingefüllt hat. Wenn man ihn dann mit Fackeln oder Lampen indirekt beleuchtet, bekommt man einen ausgezeichneten Spiegel – keinen reflektierenden, sondern einen diffusen Spiegel, durch den man sozusagen in die Unendlichkeit schauen kann.«[66]

Man weiß, daß durch nichtreflektierende Spiegel Visionen ausgelöst werden, z. B. durch Kristallkugeln, und spricht in diesem Zusammenhang von Kristallomantie.
Raymond Moody richtete sich eine kleine Dunkelkammer ein und bespannte die Wände mit schwarzem Stoff. Man sitzt vor einem großen Spiegel, der allerdings so aufgehängt wird, daß man sich nicht darin spiegelt. Durch die schwache, indirekte Beleuchtung wird der Spiegel zu einem Tor in die Unendlichkeit. Es wird tatsächlich eine Vision ausgelöst, welche Kontakte zu Verstorbenen beinhaltet.
Nun wieder ein paar Beispiele. Zunächst eine externe Vision:
Patty, eine 44 Jahre alte Buchhalterin, deren 15jähriger Sohn Todd bei einem Autounfall starb, berichtet: »Ungefähr anderthalb Monate später saß ich im Arbeitszimmer und las ein Buch von einer Mutter, die ihr Kind verloren hatte. Sie schrieb darüber, wie sie sich in diese tiefe Meditation versenkt hatte. Als ich zu diesem Abschnitt kam, legte ich das Buch weg und schloß die Augen. Ich dachte nur noch: ›Oh, Gott, laß mich wissen, daß es Todd gutgeht.‹ Als ich die Augen wieder öffnete, sah ich Todds Gesicht über mir. Er lächelte fröhlich und war von Licht umgeben. Sein Lächeln schien mir zu sagen: ›Alles ist bestens. Mach dir keine Sorgen mehr um mich. Ich bin an einem anderen Ort, wo ich sehr glücklich bin.‹
Sein Gesicht befand sich in einem Kreis – es sah aus wie ein Dia und war nicht dreidimensional. Es blieb eine Minute da, und dann – puff –, dann war es weg.
Ich war so getröstet, weil Todd mich angelächelt hat. Mein Mann war draußen auf der Veranda, und ich ging gleich zu ihm und erzählte ihm von meinem Erlebnis. Auch er freute sich sehr darüber.«[67]
Eine der bekanntesten Visionen von einer Verstorbenen berichtete Elisabeth Kübler-Ross: In einer Phase ihres Lebens, als sie die Arbeit mit Sterbenden aufgeben wollte, er-

scheint ihr plötzlich Frau Schwartz, eine Patientin, die zehn Monaten vorher gestorben war. Sie bittet Frau Kübler-Ross, ihre Arbeit über Tod und Sterben fortzusetzen.
Elisabeth Kübler-Ross beschreibt die Begegnung mit Frau Schwartz in ihrer Autobiographie »Das Rad des Lebens«: »Frau Schwartz begab sich an die Seite meines Schreibtisches und lächelte mich strahlend an. Dies gab mir einen Moment Zeit zum Nachdenken. Geschah das alles wirklich? Wie konnte sie wissen, daß ich vorhatte zu kündigen? ›Hören Sie mich? Ihre Arbeit hat gerade angefangen‹, fuhr sie fort, ›wir werden Ihnen helfen.‹
Obwohl es selbst für mich schwer war zu glauben, was da ablief, konnte ich mich nicht daran hindern, ›Ja, ich höre Sie‹, zu antworten. Auf einmal spürte ich, daß Frau Schwartz meine Gedanken und alles, was ich sagen wollte, schon kannte. Ich beschloß, sie um einen Beweis zu bitten, daß sie wirklich dagewesen war, indem ich ihr einen Stift und ein Blatt Papier reichte und sie bat, einen kleinen Brief an Pfarrer Gaines zu verfassen. Sie kritzelte schnell ein Dankeschön. ›Sind Sie nun zufrieden?‹ fragte sie.
In Wahrheit wußte ich nicht, wie ich mich fühlte. Einen Augenblick später verschwand Frau Schwartz dann wieder.
Ich suchte sie überall, fand keine Spur von ihr, eilte schließlich zurück in mein Büro und untersuchte ihren letzten kleinen Brief, befühlte das Papier, untersuchte die Handschrift und so weiter. Aber dann hielt ich inne. Warum zweifeln? Warum weiterfragen?«[68]
An dieser Stelle sei angemerkt, daß Elisabeth Kübler-Ross selbst von engen Freunden wie Raymond Moody belächelt wurde, als sie ihm 1977 diese Begegnung schilderte. In seinem 1994 erschienenen Buch »Blick hinter den Spiegel« entschuldigt er sich öffentlich bei Elisabeth Kübler-Ross: »Als mir Elisabeth diese Geschichte erzählte, protestierte ich lauthals. ›Elisabeth, erzähle mir nicht so was!‹

sagte ich. ›Wie kann es sein, daß du diese Frau nicht sofort wiedererkannt hast, wenn du sie so gut kanntest?‹ Nach all den Jahren kann ich sagen, daß ich es jetzt begreife. Aufgrund meiner und der Erfahrung anderer vermag ich zu bestätigen, daß in diesen Fällen die Verstorbenen nicht das Aussehen haben, wie vor ihrem Tod. Seltsamerweise – oder vielleicht auch nicht – wirken sie jünger und weniger gestreßt, sind aber durchaus wiederzuerkennen.«[69]
Nun noch ein Beispiel für eine innere Vision:
Ein Verwaltungsbeamter aus Washington verlor seine drei Monate alte Tochter durch plötzlichen Kindstod. Getröstet wurde er durch die folgende Vision mit seinem ebenfalls verstorbenen Vater: »Meine Vision ereignete sich etwa fünf Tage nach Laurens Tod, während ich Auto fuhr. Meine Augen waren offen, und ich blickte auf die Straße vor mir. Plötzlich sah ich bildhaft vor mir, wie meine Tochter auf den Knien meines Vaters saß! Er hatte einen Arm um sie gelegt. Lauren trug ein rosarotes Kleidchen und lächelte glücklich.
Meine Großmutter stand neben ihnen, und hinter meinem Vater war noch mein Onkel. Im Hintergrund befanden sich andere Verwandte, die schon gestorben waren. Es war ein sehr stiller Ort, und alle waren glücklich. Dem Gesichtsausdruck meines Vaters konnte ich entnehmen, daß er sehr stolz auf Lauren war. Die Vision endete, als mein Vater sagte: ›Es geht ihr gut!‹ Ich lächelte, und das Bild verblaßte allmählich.« Er empfand tiefen Frieden danach.[70]

Nachtodkontakte zwischen Wachen und Schlafen

Beim Einschlafen oder Aufwachen, in diesem Bewußtseinszustand des Halbschlafs oder entspannten Wachzustandes, ereignen sich zahlreiche Nachtodkontakte. In diesem Zustand sind Menschen offener und können von Verstorbenen leichter kontaktiert werden.

Bruce, 43, arbeitet in Florida auf dem militärischen Sektor. Kurz nach dem Tod seines Vaters gewann er eine bewußtere Einstellung zum Leben: »Es war in der Woche nach Vaters Tod. Ich war halb wach, halb eingeschlafen, als ich meinen Vater am Fußende meines Bettes stehen sah. Ich hatte keine Angst, sondern war neugierig. Er sah viel jünger und gesünder aus, als sei er gerade mal 40. Vater schwebte ungefähr einen Meter über dem Boden, und er trug etwas, das wie ein glänzender, enger weißer Overall aussah. Sein Körper war nicht ganz fest, aber auch nicht transparent – ich konnte nicht durch ihn hindurchsehen. Er leuchtete irgendwie, strahlte fast. Er wirkte sehr ruhig und entschlossen.
Als ich merkte, daß er da war, tauchte ich aus meinem Dämmerzustand auf und wurde schlagartig wach. Ich beobachtete Vater einige Sekunden lang.
Dann hörte ich ihn deutlich mit seiner eigenen Stimme sagen: ›Mach dir keine Sorgen um mich. Alles wird gut werden.‹ Danach begann er sich zu entmaterialisieren und verschwand. Das war's.
Mir persönlich ist es egal, ob ich andere davon überzeugen kann. Es genügt mir zu wissen, daß es so war. Ich weiß, was ich gesehen habe – mein Vater war da –, für mich besteht daran absolut kein Zweifel!
Nach diesem Erlebnis wurde mir klar, daß das Leben ein Kontinuum ist und das irdische Leben nur eine Stufe darin. Der Tod ist so, als ginge man durch ein Tor.«[71]

Kontakte im Schlaf

Kontakte zu Verstorbenen ereignen sich häufig im Schlaf. Viele Menschen, die solches in Träumen erlebten, gaben an, daß diese *Träume* nicht vergessen werden. Sie sind geordneter, farbiger, lebhafter und einprägsamer als andere Träume. Das Unwirkliche, oft Fragmentarische eines Traumerlebens fehlt völlig. Sie ähneln eher den schon beschriebenen Visionen. Im übrigen sei an dieser Stelle darauf verwiesen, daß natürlich viele Nachtodkontakte Mischformen der hier beschriebenen Merkmale beinhalten.

Ich selbst kann mich an verschiedene Begegnungen mit meiner verstorbenen Mutter in Träumen lebhaft erinnern. Im Gegensatz zu sonstigen diffusen Träumen, an die ich mich häufig schon morgens nicht mehr erinnern kann, sind mir diese Treffen gegenwärtig. Auch machte ich die Beobachtung, daß sich ein solcher Kontakt häufig an existentiellen Schnittstellen des Lebens ereignet, sei es als Ermunterung oder als Warnung. Einiges deutet darauf hin, daß die Verstorbenen durchaus weiter Anteil an unserem Leben und unseren Entwicklungen nehmen.

Lebhaft ist mir vor allem in Erinnerung, daß meine Mutter plötzlich vor mir stand und mich in die Arme nahm während einer besonders schweren Krise. Dieser Kontakt ereignete sich im Halbschlaf. Andere Begegnungen im Schlaf fanden an für mich fremden Orten statt, wobei die unterschiedlichen Räume, in denen ich mich wiederfand, sicherlich mit der Entwicklung der Seele meiner Mutter nach ihrem Tod zusammenhing.

Es liegen heute zahlreiche Berichte darüber vor, daß Menschen, die lange an einer schmerzhaften Krebserkrankung gelitten haben, im Jenseits in Krankenhäusern wieder aufwachen. Diese Menschen *brauchen* eine gewisse Zeit, um sich an die neue Umgebung ohne Schmerzen zu gewöhnen.

Ich erinnere mich, daß ich etwa ein Jahr nach dem grausamen Krebstod meiner Mutter eine Begegnung mit ihr in einer Art Sanatorium hatte. Einige Jahre später war ich bei ihr in einer eigenen Wohnung zu Gast.

Ein weiteres prägnantes Beispiel sei hier noch aufgeführt:

Robin wurde von ihrem verstorbenen Großvater gewarnt, und er bewies dadurch, daß er stets bei ihr ist. Robin leitet einen Kinderhort in Florida. Mehrere Jahre nachdem ihr Großvater mit über 70 Jahren an einem Herzanfall gestorben war, erschien er ihr genau zum richtigen Zeitpunkt:
»Es war im ersten Jahr meines Studiums, ich schlief in meinem Zimmer im Studentenwohnheim. Ich träumte gerade etwas, da brach plötzlich Opa in meinen Traum ein! Er war wirklich da, ich roch sein Rasierwasser und seinen Tabak und spürte seine Wärme. Er schien besorgt um mich. Er sagte: ›Schließ die Fenster! Du sollst doch auf dich aufpassen! Schließ die Fenster!‹ Es war eine eindeutige Warnung. Ich wachte erschrocken auf und sah mich um. Mein Zimmer hatte zwei Fenster, die zum Hof zeigten, und zwei andere über der Feuerleiter. Ich stand also auf und verriegelte alle Fenster. Ungefähr eine halbe Stunde später hörte ich ein Mädchen in einem Zimmer auf meiner Etage schreien. Ein Mann war die Feuerleiter hinaufgestiegen, hatte offenbar erst an meinem Fenster gerüttelt und war dann zu ihrem weitergeklettert. Später wurde er gefaßt.«[72]

Out-of-body-Kontakte

Hierbei handelt es sich um Menschen, die während einer außerkörperlichen Erfahrung (out-of-body-experience) Begegnungen mit Verstorbenen hatten. Dieser Bereich wurde schon bei den Nahtoderlebnissen hinreichend beschrieben.
Solche Erlebnisse kommen gelegentlich auch spontan vor, und die Menschen berichten entweder von Orten, die sie kennen, oder für sie völlig unbekannten. Derartige Kontakte zu Verstorbenen sind nicht so häufig.

Telefonische Nachtodkontakte

Diese Form kann sich während des Schlafs und auch im Wachzustand ereignen. Sie ist relativ selten. Menschen berichten, daß sie einen Anruf erhielten, während sie schliefen. Bei Kontakten im Wachzustand läutete das Telefon tatsächlich. Wurde der Hörer abgenommen, konnte die Stimme eines Verstorbenen gehört werden, wobei sie von weither zu kommen schien. Am Ende gab es kein Klicken oder Freizeichen. Statt dessen trat Stille ein. Dieser Bereich ragt in die Transkommunikation hinein. Es gibt auch Menschen, denen Verstorbene auf den Anrufbeantworter gesprochen haben oder die über den Computer Mitteilungen bekamen. Häufig gibt es auch Radioaufnahmen, wobei dazu ein Kassettenrekorder an eine Mittelwelle angeschlossen wird. Es können damit dann Stimmen empfangen werden. Solche besonderen Techniken führen aber an dieser Stelle zu weit vom Thema ab, weil hierbei die Kontakte absichtlich herbeigerufen werden.

Materie in Bewegung – physikalische Phänomene

Bei diesen Phänomenen, die häufig auftreten, handelt es sich um elektrisches Licht, welches an- oder ausging, Radios, Fernseher, Stereoanlagen oder andere Elektrogeräte, die sich einschalteten, um Gegenstände, die aktiviert wurden, um Bilder und andere Objekte, die in Bewegung gerieten, u. ä.
Diese Art von *Zufällen* entpuppten sich nicht selten als Botschaften von Verstorbenen. Diese Phänomene im Umfeld des Todes sind weit verbreitet, werden aber häufig als Produkte einer überaktiven Phantasie abgetan. Letztlich verweisen sie aber immer auf ein Leben nach dem Tod, auch wenn wir es nicht glauben wollen oder können.

Ein besonders prägnantes Beispiel wurde mir am Telefon erzählt. Ein 45jähriger, aidskranker Mann berichtete von seinen Nachtodkontakten: »Vor vier Jahren starb mein langjähriger Freund, mit dem ich zwanzig Jahre zusammengelebt habe, in meinen Armen an den Folgen von Aids. Im Todesmoment spürte ich seine Seele durch mein Herz gehen. Ich war verblüfft über dieses so starke, außerordentliche Gefühl, weil ich nicht an ein Leben nach dem Tod glaubte. Ich wollte immer handfeste Beweise, die ich anfassen kann.

Ein Jahr nach seinem Tod lernte ich einen anderen Mann kennen. Er war wesentlich jünger als ich, und schon bald lebten wir zusammen. Er war ebenfalls aidskrank. Zu jener Zeit fing es an, daß sich plötzlich Gegenstände in meiner Wohnung selbständig machten. So flog eine Topfblume vom Küchenschrank häufig in hohem Bogen in die Spüle. Von der normalen Fallhöhe her hätte sie aber immer direkt auf dem Boden landen müssen. Ich hatte das Gefühl, daß mein verstorbener Freund anwesend war, aber ich konnte es einfach nicht glauben. Eines Abends, wir saßen gemütlich vor dem Fernseher, flogen plötzlich meine afrikanischen Masken der Reihe nach vom Schrank. Ich hatte sie zusammen mit meinem verstorbenen Freund in Afrika gekauft, und wieder dachte ich kurz, daß er mit mir Kontakt aufnehmen will. Aber da ich nach wie vor nicht von einem Leben nach dem Tod überzeugt war, sagte ich zu meinem jetzigen Freund: ›Ich glaube erst, wenn die große Maske herunterfällt.‹ Wenig später erkrankte er schwer – ein weiterer Mensch starb in meinen Armen. Ich fühlte mich allein und verlassen. Dann, etwa sechs Wochen nach seinem Tod, fiel die besagte große Maske direkt vor mir auf den Boden. Nun konnte ich es als Zeichen des Freundes erkennen, der kurz vorher gestorben war. Endlich glaubte ich, daß wir nach unserem Tod weiterexistieren und daß die Verstorbenen immer um uns sind.«

Wahrlich ein hartnäckiger Zeitgenosse. Dieser Fall zeigt, wie schwer wir uns selbst mit den Zeichen tun, die uns gegeben werden. Es ist meistens der Verstand, der uns im Wege steht, den eigenen Gefühlen zu vertrauen.

Nachtodkontakte ohne Kenntnis der Todesnachricht

Hier werden Menschen von Verstorbenen aufgesucht, ohne vorher von deren Tod in Kenntnis gesetzt worden zu sein. Diese Erzählungen, die buchstäblich um den Zeitpunkt des Todes, den Todesmoment kreisen, können als die stärksten Beweise für ein Fortleben nach dem Tode gelten. Derlei Erlebnisse sind häufiger, als die meisten von uns annehmen.
Der Tod eines Angehörigen kündigt sich auf verschiedene Weise an. Eine Frau berichtete, daß sie ein lautes Geräusch im Ohr hatte, als ihr Opa starb. Sie erlebte dies ebenfalls, als ihr Vater einen Unfall hatte. Eine andere Dame wachte morgens mit einem seltsamen Geräusch im Ohr auf, als kurz darauf das Krankenhaus anrief und den Tod des Ehemannes mitteilte.
Andere werden nachts wach, sehen die Uhrzeit und prägen sich den Zeitpunkt des Wachwerdens ein. Wenig später erhalten sie die Nachricht, daß ein Familienangehöriger gestorben ist. Besonders häufig kommt es vor, daß im Sterbemoment Uhren stehenbleiben, oder ein bestimmtes Bild von der Wand fällt.
Ein Mann berichtete mir vom Tode seiner Oma. Im Sterbemoment sind alle Blumen abgeknickt, und ein Wohlgeruch verbreitete sich im Raum.
Ich selber erlebte den Sterbemoment meiner Mutter wie folgt: Am Samstag mittag fiel meine Mutter ins Koma. In der folgenden Nacht wachte ich bei ihr und wurde von

meinem Bruder morgens abgelöst. Gegen halb zwölf bekam ich einen Anruf, dringend ins Krankenhaus zu kommen. Zu diesem Zeitpunkt stand ich unter schweren Beruhigungsmitteln. Ich spürte in mir nur Leere und empfand nichts mehr. Ich mußte an einer Ampel halten. Plötzlich traten mir Tränen der Erleichterung in die Augen, das erste Mal seit Monaten. Dann öffnete sich mein Herz, und die Seele meiner Mutter ging hindurch – in einem Jubelschrei der Freude. Dieses Gefühl habe ich nie vergessen, und es überzeugte mich von einer Weiterexistenz. Wie sich dann herausstellte, war das Erlebnis vor der Ampel der Todeszeitpunkt meiner Mutter. Ich bin froh und dankbar, dieses erlebt haben zu dürfen.
Der Moment, in dem ein gerade Verstorbener von uns Abschied nimmt und im wahrsten Sinne des Wortes durch unser Herz fliegt, hat mit der Liebesenergie zu tun, die uns mit ihm verbindet. Offensichtlich sind Verstorbene imstande, uns jederzeit und an jedem Ort zu finden und in ihrem spirituellen Körper innerhalb von Sekunden zu uns zu kommen.
Besonders beweiskräftig erscheint auch der Fall einer Frau, die plötzlich eine Begegnung mit ihrem Jugendfreund hatte. »Tom und ich sind zusammen aufgewachsen. Wir waren Nachbarskinder, aber ich hatte ihn nicht mehr gesehen, seit er Priester geworden war. Ich hatte den Kontakt zu ihm und seiner Familie durch meinen Umzug nach Texas völlig verloren. Eines Nachts, über zehn Jahre später, wachte ich aus tiefem Schlaf auf. Da stand Tom in Marineuniform an meinem Bett. Daß er Uniform trug, wunderte mich, denn ich nahm an, er sei katholischer Priester. Er sagte: ›Leb wohl, Melinda, ich gehe jetzt fort!‹ Und er verschwand. Mein Mann wachte auf, und ich erzählte ihm, was geschehen war. Aber er meinte, das sei bloß ein Traum gewesen. Drei Tage später schrieb mir meine Mutter, daß Tom bei Kampfhandlungen gefallen sei. Er war Marinekaplan gewesen!«[73]

Manchmal kann ein Mensch auch den Tod eines anderen miterleben, obwohl er ihn nicht kennt.
Eine Frau erzählte mir folgendes: »Ich fuhr mit meinem Mann auf der Autobahn, als vor uns ein Unfall geschieht. Ich hatte erst ein Gefühl wie Erschrecken, als sich plötzlich etwas wie ein schwarzer Mantel über mir ausbreitete. Danach spürte ich ein unendliches Glücksgefühl und einen unendlichen Frieden und Ruhe. Als ich aus dem Fenster sah, bemerkte ich einen elliptischen Vogelzug, der nach oben in den Himmel flog. Ich sagte zu meinem Mann: ›Bei dem Unfall da vorn ist soeben ein Mann gestorben!‹ Und so war es auch.«
Besondere Beweiskraft haben Nachtodkontakte, wenn sie Botschaften oder Mitteilungen enthalten über etwas, das man vorher nicht wußte.
So erzählte mir eine Frau, daß sie ihren Vater nach seinem Tod gesehen und gesprochen habe. Sie erhielt von ihm wichtige Informationen, die die Hinterlassenschaft betrafen. Er beantwortete alle ihre Fragen, wobei sie ein großes Glücksgefühl empfand.

Schlußfolgerungen

Die meisten Nachtodkontakte finden innerhalb des ersten Jahres nach dem Tode statt. Vom zweiten bis zum fünften Jahr nehmen sie an Häufigkeit ab. Dennoch kann sich jede der zwölf Arten auch noch nach zehn oder gar 30 Jahren und mehr ereignen. Auch Jahre nach ihrem Tod haben Verstorbene ein Gefühl der Verbundenheit mit uns, haben Einblicke in unser Leben und wachen mit Liebe und Anteilnahme über uns. In erster Linie versuchen sie, uns in schwierigen Situationen zu helfen oder uns vor Schaden zu bewahren. So erhielten Menschen Warnungen, die sie vor Verbrechen, Auto- und Arbeitsunfällen, vor Bränden und unerkannten Krankheiten schützten, oder sie wurden auf Gefahren aufmerksam gemacht, die Säuglinge und Kleinkinder betrafen. Nachtodkontakte bestätigen, daß es ein Leben nach dem Tod gibt und Verstorbene weiterexistieren. Daß aber trotzdem nicht alle Menschen derlei erleben, hat unterschiedliche Gründe. Es scheint, daß Menschen, die frei und ohne Scheu mit spirituellen Erlebnissen umgehen können, weil sie schon seit ihrer Kindheit an solche Dinge gewöhnt waren und in ihrem Leben gelernt haben, ihrer Intuition zu trauen. Und das ist bei vielen Menschen keineswegs der Fall. Hinzu kommt, daß starke Trauer und Emotionen wie Bitterkeit, Wut und Angst Nachtodkontakte verhindern. In vielen Fällen ist es einfach so, daß wir die Signale der Verstorbenen einfach nicht hören. Eines ist sicher: Erzwingen kann man diese Kontakte ebensowenig, wie man sie willentlich herbeiführen kann. Die große Macht im Universum ist und bleibt die Liebe.

Elisabeth Kübler-Ross drückte das so aus:

»Der Tod ist nur ein Übergang von diesem Leben in eine andere Existenz, in der es keinen Schmerz und keine Angst mehr gibt. Alle Bitterkeit und Zwietracht wird sich auflösen, und das einzige, was ewig bleiben wird, ist die Liebe!«[74]

8. Kapitel:
Reinkarnation

In diesem Kapitel erfahren Sie

- alles über die »Beweise« für Wiedergeburt durch Professor Dr. Ian Stevenson

- von dem Material, was psychotherapeutische Rückführung in den letzten Jahren hervorgebracht hat

- daß die Nahtoderfahrung in vielen Rückführungen bestätigt wurde

- vom Leben zwischen den Leben

- von Menschen, die in früheren Leben seelenverwandt waren

»Beweise« von Prof. Dr. Ian Stevenson

Der Gedanke der Reinkarnation geht von mehrmaligen Leben des Menschen aus und ist fast immer mit der Vorstellung von Ursache und Wirkung verbunden, die unsere vielen Leben zu einer sinnvollen Abfolge zusammenfaßt.
Im alten Indien bezeichnete man dieses Prinzip als Karma, dessen Gesetz zufolge es im Leben keinen Zufall gibt. Selbst jene Ereignisse, die scheinbar grundlos geschehen, sind Ursachen, die tief im Schoß der Geschichte verborgen sind. Der Karma-Gedanke enthüllt die gesetzmäßige Abfolge von Ursache und Wirkung, auf der unser Leben beruht, und stellt dieses damit in den Rahmen einer größeren natürlichen Ordnung.
Der Glaube an Reinkarnation ist so alt wie die Welt. Keinesfalls ist sie eine rein östliche Glaubensangelegenheit. Sie hat heute Anhänger auf der ganzen Welt und ist Bestandteil mystischer Überlieferungen selbst westlicher Religionen.
In der psychotherapeutischen Fachliteratur tauchen derartige Erinnerungen seit ca. 25 Jahren – oft ungewollt in erlebnisorientierten Psychotherapien – regelmäßig auf und führten schließlich zur heute allseits praktizierten Reinkarnationstherapie. Je tiefer wir mit Hilfe moderner Techniken in das Bewußtsein vordringen, desto deutlicher fin-

den wir die Einsichten der Reinkarnationsforscher bestätigt. C. G. Jung war der erste westliche Psychiater und Psychoanalytiker, der schon in den 30er Jahren Muster von Wiedergeburtserinnerungen bei seinen Patienten erkannte und welcher daraus auf das kollektive Unbewußte schloß. Zum gegenwärtigen Zeitpunkt sind so viele Daten gesammelt und geprüft worden, daß der Wiedergeburtsgedanke sich aus einer unwahrscheinlichen Annahme in eine Hypothese mit mittlerem oder gar hohem Wahrscheinlichkeitsgehalt verwandelt hat.

Stevenson

Professor Dr. Ian Stevenson hat Anfang 1999 das Buch »Reinkarnationsbeweise« vorgelegt, wobei Geburtsnarben und Muttermale wiederholte Erdenleben des Menschen belegen. In Anlehnung an dieses Werk veröffentlichte Trutz Hardo schon im Spätherbst 1998 sein Buch »Wiedergeburt – Die Beweise«.

In allen Kulturen gibt es Kinder, die, sobald sie sprechen können, wie selbstverständlich ihr früheres Leben an einem anderen Ort, bei anderen Leuten, in einem anderen Körper erwähnen. Diese Erinnerungen treten spontan auf.

Dr. Ian Stevenson ist der Wissenschaftler, der am intensivsten solchen Erinnerungen von Kindern auf den Grund gegangen ist. Stevenson hat sich seit 40 Jahren der Erforschung der Reinkarnationsfrage gewidmet. Mit Einsatz und Sorgfalt sammelte er Berichte über Reinkarnationsfälle in aller Welt. Er sichtete, sortierte und überprüfte die wesentlichsten Fälle selbst vor Ort und befragte Zeugen, verglich Orts- und Personenangaben und studierte das soziale Umfeld. Jeder Einzelfall wurde auf mögliche andere Erklärungsmodelle (z. B. Telepathie, Besessenheit) hin analy-

siert. Er veröffentlichte nur absolut gesicherte Untersuchungen. Mit seinem Buch »Reinkarnationsbeweise« legt er nunmehr sein Lebenswerk der Öffentlichkeit vor. Er trug entscheidend dazu bei, den Reinkarnationsgedanken aus dem Feld des Glaubens und der Spekulation in die Welt der Fakten und Beweise zu holen. Der Gelehrte dokumentiert in zweifelsfreier Weise, anhand zahlreicher Fälle von Geburtsnarben und Muttermalen, daß die menschliche Individualität mehr als einmal in eine physische Form eintritt. Es handelt sich um objektive Belege, die auf den Einfluß einer verstorbenen Persönlichkeit auf ein später geborenes Kind schließen lassen. Das Sensationelle an seinen Ausführungen ist, daß für viele der Fälle medizinische Unterlagen, gewöhnlich sogar ein Sterbebericht gesammelt wurden. Diese schriftliche Bestätigung belegt den Zusammenhang zwischen Verletzung oder Mißbildung einer verstorbenen Person und Geburtsmalen eines Kindes, das sich an ein früheres Leben erinnert.
Dr. Stevenson hat bis heute über 3000 unterschiedliche Reinkarnationsfälle untersucht, wissenschaftlich dokumentiert und verifiziert.
Beim folgenden Beispiel geht es um eine junge Französin und deren seltsames Déjà-vu-Erlebnis. Diese Frau hatte bereits 1986 immer wieder denselben Traum, in dem sie sich als Mann mit Namen Benedikt sah, der auf einem Friedhof spazierenging. Dieser stets wiederkehrende Traum prägte sich ihr tief ein, sie konnte ihn nicht vergessen.
Acht Jahre später, 1994, bereiste sie zum ersten Mal in ihrem Leben die Vereinigten Staaten. Ihr Weg führte sie auch in den Bundesstaat Rhode Island im Nordosten der USA, und sie spazierte dort über einen Friedhof. Wie magisch angezogen, ging sie auf einen der alten Grabsteine zu.
Erst als sie direkt davor stand, bemerkte sie zu ihrer nicht geringen Erschütterung, daß es sich genau um das Grab

aus ihren Träumen handelte. Und auf dem Grabstein eingemeißelt stand der Name Benedikt.[75]

Hier noch ein weiterer, ausführlicher Fall von Stevenson, der seine wissenschaftliche Genauigkeit in der Überprüfung von Details bezeugt. »Im Mai wurde in dem Dorf Kyar-Kan ein Mädchen mit Namen Ma Htwe Win geboren. An der linken Hand fehlte der kleine Finger. Am linken Oberschenkel befand sich eine deutliche Verengung wie auch oberhalb des rechten Fußgelenkes. Diese sind auf der Abbildung in seinem Buch »Reinkarnationsbeweise« deutlich zu sehen. Ähnliche Verengungen waren auf den Fingeransätzen ihrer linken Hand zu sehen, Geburtsmale auf der linken Brustseite oberhalb des Herzens und an ihrem Kopf wurden festgestellt.

Ihre Mutter hatte im dritten Monat ihrer Schwangerschaft einen furchtbaren Traum gehabt. In diesem verfolgte sie ein auf allen vieren kriechender Mann, dessen Unterbeine amputiert zu sein schienen. Selbst in ihr Haus hinein verfolgte er sie. Sie rannte wieder hinaus, er folgte ihr, und sie sagte ihm, daß er sie nicht verfolgen solle. Dann wachte sie auf. Als sie endlich wieder eingeschlafen war, erblickte sie wieder diesen Mann mit Beinstümpfen, der sie verfolgte. Sie wachte erneut auf.

Als sie zwei Jahre alt war, deutete Ma Htwe Win in Gegenwart ihres Großvaters auf ihre Beine und sagte: ›Großvater, schau wie grausam sie zu mir gewesen sind.‹

Auf seine Frage hin, wer denn so grausam gewesen sei, erzählte sie, daß sie ein Mann namens Nga Than sei, der von Than Doke, Nga Maung und Chan Paw getötet worden war. Als die Eltern des Mädchens vom Feld zurückkamen, berichtete er ihnen, was sie erzählt hatte. Mit der Zeit konnte ihre Tochter sich mehr und mehr an die Einzelheiten ihres Todes erinnern. Sie berichtete ihren Eltern, daß sie sich am Todestag drei Angreifern mit Säbeln gegenübergestellt sah. Sie als dieser Mann wehrte sich nach bestem

Vermögen mit einem Säbel, der plötzlich in der Wand steckenblieb. Somit der Möglichkeit beraubt, sich noch wehren zu können, erstachen ihn jene, hieben ihm einige Finger ab und schlugen ihn auf den Kopf. Nachdem sie ihn vorerst liegen gelassen hatten, war er anscheinend noch nicht ganz tot, denn er hörte noch, daß sie sich darüber berieten, wie man den Ermordeten am besten verbergen könnte. Sie beschlossen, seinen Körper so klein wie möglich zu machen, damit er in einen mittelgroßen Sack hineinpasse. Aus diesem Grund schnürten sie nun seine Unterbeine nach hinten hochgebogen auseinander, steckten ihn in den Sack und warfen ihn in einen ausgetrockneten Brunnen. Bei anderer Gelegenheit berichtete das Mädchen, daß Nga Thans Frau eine Affäre mit seinem Freund Than Doke gehabt hätte, weshalb die beiden Männer sich zerstritten hätten. Nga Than habe einen Lebensmittelladen gehabt, und seine Mörder waren seine Geschäftspartner. Auch von einem Sohn wußte das Mädchen zu berichten.

Wie späterhin aufgedeckt wurde, war folgendes geschehen. Des Ermordeten Frau wollte ihn loswerden und hatte jene drei als Mörder gedungen. Auf das Verschwinden ihres Mannes befragt, sagte sie, daß er in den Süden gegangen sei. Solch plötzliches Verlassen einer Ehefrau kam häufiger vor, weshalb auch die Polizei nicht weiter nachforschte. Diese Frau heiratete Than Doke, einen dieser drei Mörder. Doch als er in betrunkenem Zustand mit ihr in Streit kam, hörte ein Anwesender, wie jener berichtete, auf welche Weise er ihren früheren Ehemann ermordet und wo man seine Leiche verborgen hatte. Jener Mann informierte die Polizei, die in dem ausgetrockneten Brunnen tatsächlich die Leiche fand. Die Frau und der Mörder ihres ersten Mannes wurden festgenommen, doch anscheinend wegen Mangels an Beweisen bald wieder freigelassen.

Interessant ist der Umstand, daß die schwangere Mutter gerade an jenem Brunnen vorbeikam, als die Polizei den

Körper des Ermordeten barg. Denn gleich in der folgenden Nacht hatte sie die oben berichteten zwei Träume dieses sie verfolgenden Mannes. Warum sie ihn ohne Unterschenkel sah, ergibt sich daraus, daß jene nach hinten an die Oberschenkel gefesselt waren. Ihre Tochter erinnert sich, wie sie, wahrscheinlich als Geistwesen bzw. als erdgebundenes Wesen schwebend, mit ansehen konnte, wie man ihre (seine) Leiche aus dem Brunnen herausholte. Sie habe dann diese schwangere Frau gesehen, wie sie sich neugierig unter die Anwesenden mischte. Dort habe sie den Wunsch verspürt, sie als ihre zukünftige Mutter auszuwählen. Daraufhin sei sie ihr gefolgt.
Anscheinend hatten die Eltern nichts nach draußen darüber verlauten lassen, wer ihre Tochter wirklich war. Wohl auf ihre Bitte hin, nahmen die Eltern ihre Tochter eines Tages mit in den Teeladen, den des Ermordeten frühere Frau führte. Dort kam von draußen ein Junge herein, der nur wenig älter als Ma Htwe Win selbst war. Sie erkannte in ihm sofort ihren Sohn. Dieser bat seine Mutter um etwas Geld. Bevor sie ihm das Erwünschte geben konnte, hatte Ma Htwe Win schon ihre eigene Mutter um etwas Geld gebeten und es ihm zugesteckt. Dann, wie berichtet worden ist, sollen sich die beiden Kinder bei der Hand gehalten und geweint haben. Plötzlich drängte die Tochter ihre Eltern, den Laden zu verlassen, da ›Doke‹ komme. Draußen fragte sie ihr Vater, wer Doke sei, und sie antwortete, daß er ihr Mörder gewesen war.
In ihrem Wesen fühlte sich Ma Htwe Win eher zu Jungen hingezogen und wollte lieber die Kleidung von diesen tragen, was ihre Mutter aber unterband. Jedoch als Stevenson sie aufsuchte, um noch mehrere Details zu erforschen, saß sie ihm in Shorts gegenüber, was für Mädchen dort als unschicklich gilt. Sie genierte sich wegen ihrer Beine und äußerte den festen Willen, sich an ihren Mördern noch rächen zu wollen. Darauf hingewiesen, daß sie doch ein

Mädchen sei und es sich für ein solches nicht schicke, den Rächer zu spielen, entgegnete sie, daß es ihr dennoch irgendwie gelingen würde, sich zu rächen. Jene Körperstellen der Einschnürungen an ihren Beinen entsprachen genau jenen, die man an der Leiche entdeckt hatte. Ebenso hatte dort der abgetrennte linke kleine Finger gefehlt. Wer könnte in diesem Fall noch daran zweifeln, daß hier ein klarer Beweis für die Reinkarnation vorliegt?«[76]
Bevor nun grundlegende Ergebnisse der Reinkarnationstherapie besprochen werden, sollen die Pioniere der Reinkarnationsforschung, Helen Wambach und Dr. Joel Whitton vorgestellt werden.

Entdeckungen von Helen Wambach

Die amerikanische Psychiaterin Helen Wambach gilt bis heute als eine der bedeutendsten Erforscherinnen des Lebens vor dem Leben. Ihre beiden Ende der 70er Jahre erschienenen Bücher »Leben vor dem Leben« und »Seelenwanderung« avancierten zu Standardberichten der Reinkarnationsforschung. Sie führte im Jahre 1978 eine Versuchsreihe mit 750 Probanden durch. Sie hypnotisierte diese und führte sie in frühere Leben zurück. 90 Prozent berichten detailliert und überzeugend von einem Leben vor dem Leben. Dabei interessierte sie sich vor allem dafür, durch die Rückführungen möglichst viele Detailinformationen über bestimmte historische Perioden zusammenzutragen. Die Historiker bestätigten schließlich ihre Daten.
Im Zuge ihrer Forschungen stellte sie sich auch die Frage: Wann verbindet sich die Seele mit dem Fötus? Ist sich die Seele des Kindes der Gefühle seiner Mutter bewußt? Ist Abtreibung eine Vernichtung menschlichen Lebens?
Die Analyse aller 750 Fälle ergab, daß 89 Prozent aller Versuchspersonen antworteten, daß sie erst nach dem

sechsten Monat der Schwangerschaft Teil des Fötus wurden. Und selbst dann noch erklärten viele, daß sie sowohl innerhalb als außerhalb des fetalen Körpers gewesen seien. Ihr Bewußtsein war von dem Bewußtsein des Fötus getrennt. Davon gab eine Mehrheit von 33 Prozent an, daß sie sich mit dem Fötus erst kurz vor oder während der Geburt verbanden. Fast alle sagten, sie seien sich, vermutlich telepathisch, der Gefühle der Mutter vor oder während der Geburt bewußt geworden. Die Seele hat offensichtlich eine Wahl, für welchen Fötus sie sich entscheiden will. Wenn ein Fötus abgetrieben wird, ist es offensichtlich möglich, einen anderen zu wählen.
Elisabeth Kübler-Ross schreibt in einem Spätwerk zur Abtreibung: »Da jede Seele ein Teil Gottes ist, ist sie allwissend. Sie kennt den Vater und die Mutter, die sie sich ausgesucht hat. Glauben Sie wirklich, daß eine solche Seele, die alle Weisheit Gottes in sich trägt, in einen Fötus eintreten würde, der abgetrieben und zerstört werden soll? Sie würde das niemals tun. Diese Seelen suchen sich einfach andere, empfänglichere Eltern. Abtreibung ist also nicht Tötung eines beseelten menschlichen Wesens. Es wird dabei nur etwas getötet, das als Tempel für das menschliche Wesen dienen sollte, in das die Seele einziehen würde. Es ist nicht Tötung eines menschlichen Wesens. Es ist wichtig, diese Unterscheidung zu machen.«[77]
Versuchspersonen von Helen Wambach berichten folgendes: »... ich war außerhalb des Fötus und wartete darauf, daß er zur Geburt bereit war ...«
»Ich verband mich mit dem Fötus irgendwann gegen Ende des neunten Monats ... Ich konnte keinen klaren Eindruck darüber erhalten, wo ich mich vor der Geburt befand. Ich schien verwirrt zu sein und fühlte, daß ich irgendwie nörgelte, mich mit diesem Fötus verbinden und diese Lebenszeit leben zu müssen.«
»Ich habe das sichere Gefühl, daß ich nicht vor der letzten

Minute in den Fötus ging. Ich war anderswo zu glücklich und zu beschäftigt. Ich war überhaupt nicht daran interessiert, irgendwelche Zeit in dem Fötus zu verbringen.«[78]
Helen Wambach untersuchte auch die Erfahrung des Geborenwerdens. 84 Prozent ihrer Versuchspersonen gingen in der Hypnose durch den Geburtsprozeß hindurch. Die meisten empfanden ein spezifisches Unbehagen, einen Grad von Trauer. Die Gefühle der Trauer scheinen mit dem Ausstoßen aus dem Leib zusammenzuhängen als Erfahrung, in einem physischen Körper gefangen zu sein, nachdem die Erfahrung der Freiheit im Zwischenstadium gemacht wurde. In diesem Bardo existiert die Seele offensichtlich in einer völlig anderen Umgebung. Die Seele eines Kleinkindes empfindet sich als abgeschnitten, verkleinert, allein gelassen. Sie bedauert die Entfremdung vom »Land des Lichts«, das die Seele, nun inkarniert in einen irdischen Körper, verlor, als sie in die Welt trat:
»Das Geburtskanalerlebnis bedeutete für mich, mich aus einem weiten Raum in einen engen Raum zu begeben ...«
»... Nachdem ich geboren war, fühlte ich mich müde und nicht sehr glücklich, und ich hatte immer noch Vorbehalte gegenüber diesem Leben. Ich bemerkte zu helle Lichter und Kälte, und ich fühlte mich weit weg von allen ...«
»Die Erfahrung im Geburtskanal war unschön, und das Gefühl, daß ich wünschte, nicht geboren zu werden, war sehr stark. Ich wollte meinen Entschluß ändern. Meine sinnlichen Wahrnehmungen nach der Geburt waren Konfusion und Trauer und ein Mangel an Wärme um mich. Das ganze Gefühl der Geburt schien so etwas wie ein langweiliger, unschöner ›Trip‹, um in dieser Lebenszeit etwas zu vollenden. Ich fühle einen Zwang.«
»... mir gefiel die Idee, in einem kleinen Körper eingesperrt zu sein, gar nicht, aber irgendwie sagte ich mir selbst: ›Nun, hier geht's eben lang.‹ Und ich stürzte mich hinein, wie man ins kalte Wasser springt.«

»... Es war, als sei mein Geist zu groß für diesen kleinen Körper ...«[79]

Helen Wambachs Forschungsansatz ist deswegen bis heute so bemerkenswert, weil sie keine individuellen Erinnerungen an frühere Leben als Beweis für Wiedergeburt gelten ließ. Sie suchte nach statistischen Belegen und arbeitete deswegen mit Gruppen im Großversuch.

Bis zu ihrem Tod im Jahre 1985 lebte sie als Hypnosepsychotherapeutin mit eigener Praxis in Kalifornien. Sie suchte nach statistischen Belegen – individuelle Erinnerungen lehnte sie ab – mit umfangreichen Stichproben. Im Laufe von zehn Jahren sammelte sie 1088 detaillierte Schilderungen früherer Leben in zahlreichen Massenhypnosesitzungen und entsprechend entwickelten Fragebogen. Dabei wertete sie auch das Todeserlebnis in den verschiedenen Geschichtsepochen aus.

Für die Nahtoderfahrung gibt es seit Moody weltweit Hunderttausende untersuchter Fälle. Wambach forderte ihre Versuchspersonen auf, das Todeserlebnis in einem vergangenen Leben noch einmal zu erleben, um festzustellen, ob ihre Berichte denen der Nahtodforschung entsprachen. Angemerkt sei, daß zu dem Zeitpunkt ihrer Forschungen das Buch von Moody gerade erst entstand. Somit könnten einige davon ansatzweise gehört oder gelesen haben. Die Einheitlichkeit der Schilderungen freilich kann die Übereinstimmung der Berichte nicht verursacht haben. Dr. Wambach forderte ihre Versuchspersonen auf, im Fragebogen zu schildern, was ihnen im Tod begegnet war. Sie sollten die Todesart und ihre Emotionen nach dem Sterben beschreiben. Sie sagte ihnen nichts vom Licht, Tunnel oder einer Begegnung mit Verstorbenen. Das Ergebnis war sensationell:

90 Prozent aller Versuchspersonen, die in der Hypnose den Tod in einem vergangenen Leben erfahren hatten, beurteilten diesen als positiv! 49 Prozent empfanden Ruhe und Frieden, 30 Prozent waren zutiefst erleichtert und

20 Prozent sahen ihren Körper nach dem Tode, schwebten darüber und beobachteten die Vorgänge um ihn. Für Dr. Wambach ist das Todeserlebnis das positivste der gesamten hypnotischen Sitzung. Selbst Personen mit Todesfurcht verloren die Angst vor dem Tod.
Ein Beispiel: »Der Tod war eine Erlösung, wie ein Nachhausekommen. Es war, als sei eine schwere Last von mir genommen, als ich meinen Körper verließ und in das Licht nach oben schwebte. Ich fühlte eine gewisse Anhänglichkeit an meinen Körper, in dem ich in diesem Leben gelebt hatte, aber es war wunderbar, frei zu sein!«[80]
»Freudentränen kamen mir, als Sie uns in die Todeserfahrung führten«, sagte eine Versuchsperson. »Ich konnte fühlen, wie mir die Tränen die Wangen hinunter liefen. Mein ganzer Körper fühlte sich so leicht, nachdem ich gestorben war.«[81]
Nur zehn Prozent starben aufgeregt oder traurig, wobei diese Gefühle durch die Todesart ausgelöst wurden, oder sie bezogen sich auf zurückgelassene Menschen.
»Ich fühle mich unglücklich, weil ich zwei Kinder zurücklasse. Ich mache mir Sorgen darum, wer sich jetzt um sie kümmern wird, und ich bleibe in der Nähe meines Körpers, weil ich versuchen will, meinen Mann zu trösten.«[82]
Aber auch ein Unfall und gewaltsamer Tod lösen Verwirrung aus: »Ich wurde von einem Auto überfahren, als ich über die Straße lief. Ich hatte das Gefühl, weiter über die Straße zu laufen und war mir nicht bewußt, daß ich schon tot war. Dann war ich sehr enttäuscht und fühlte mich wie verloren, weil ich nicht verstehen konnte, was mir geschehen war. Schließlich befand ich mich an einem dunklen Ort, sah aber dann ein helles Licht. Dann schwebte ich durch die Dunkelheit auf das Licht zu.«[83]
Einige Personen, die beim Sterben negative Gefühle hatten, waren im Krieg gefallen. Die Studie ergab überdies, daß die meisten gewaltsamen Tode im 20. Jahrhundert die

Folge von Bombenangriffen waren im Laufe des Zweiten Weltkrieges. Viele Befragte gaben überdies detailliert an, sie seien infolge des Rauches, der sich aus Bombenangriffen entwickelte, ums Leben gekommen. Es handelte sich hierbei um historische Tatsachen, die kaum von den Versuchspersonen erfunden sein können.

»Ich kämpfte, und plötzlich brach mein Körper zusammen. Ich kämpfte weiter, aber was ich tat, hatte keine Wirkung mehr. Ich befand mich noch auf dem Schlachtfeld, aber dann hatte ich den Eindruck, es gesellten sich mir andere Gefallene zu. Augenscheinlich konnte ich das Schlachtfeld nicht verlassen ...«[84]

Andere waren traurig über die Trauer ihrer Angehörigen. 25 Prozent aller Befragten berichteten, daß sie kurze Zeit im Dunkel gewesen seien, um dann in ein strahlendes Licht gezogen zu werden. Noch mehr – ein Drittel erlebte die direkte Hinaufziehung zum Licht und hatte das Gefühl, in eine Gemeinschaft aufgenommen zu werden, und begegneten vorangegangenen Verwandten oder Freunden:

»Nachdem ich meinen Körper verlassen hatte, flog ich hoch hinauf in den Himmel. Ich wollte mich nicht mehr umsehen. Dann schien ich von anderen umgeben zu sein, die mich zu dem neuen Leben beglückwünschten. Ich hatte das Gefühl, nach Hause gekommen zu sein und war sehr froh. Ich war ganz von Leben umgeben.«[85]

Dr. Wambach folgert aus ihren Untersuchungen, daß wir uns alle an vergangene Leben erinnern können, sofern unser Unterbewußtsein dies zuläßt. Eine Rückführung ist blockiert, wenn die Person sich davor fürchtet, noch einmal das zu erleben, was sie in einem vorangegangenen Leben vor dem Tode erlebt hat. Es scheint aber, aufgrund der Ergebnisse, daß nur zehn Prozent unter einem solchen Trauma leiden. Das Faszinierende an den Ergebnissen von Helen Wambach ist, daß sie die Ergebnisse der Nahtodforschung absolut in der Hypnosetherapie bestätigt hat.

Zehn Jahre lang, in über 2000 Sitzungen, hypnotisierte Frau Wambach sämtliche Versuchspersonen gleichzeitig. Dann führte sie sie in die Vergangenheit zurück – bei jeder Sitzung viermal – aber mit unterschiedlichen Reisezielen mit zwei Grundtechniken: Wambach setzte ihre Probanden zeitlich zurück (1800 v. Chr. bis 2500 n. Chr.); angemerkt sei, daß es später zu bemerkenswerten Progressionen in die Zukunft) oder an bestimmte Orte und historische Gegebenheiten kam. Ihre Forschungsarbeit zählt bis heute zu den herausragendsten Pionierleistungen der Reinkarnationsforschung.

Das Leben zwischen den Leben: Wiedererinnern

Das Tibetische Totenbuch bezeichnet den Bereich zwischen den Inkarnationen als »Bardo«. Es ist unsere natürliche Heimat, in die wir immer wieder zurückkehren und von wo aus wir uns neu inkarnieren.
1974 stieß der kanadische Psychiater Dr. Joel Whitton zufällig bei einer Versuchsperson auf das Leben zwischen den Leben. Whitton hatte sich vorher vor allem um schlüssige Beweise der Reinkarnation bemüht. Für das Bardo prägte er den Begriff »Überbewußtsein«:
Es ist ein Zustand erhöhter Bewußtheit, der mit nichts vergleichbar ist, was wir normalerweise auf der Erde erleben, vor allem nicht im uns vertrauten Raum-Zeit-Erleben. Jenseits von Geburt und Tod geschieht alles gleichzeitig. Es ist ein holographisches Panorama, wobei diese Sphäre des Überbewußtseins als realer empfunden wurde. Es ist unsere eigentliche Heimat.
»Sie haben mich in einer unwirklichen Welt aufwachen lassen. Jetzt weiß ich, wo ich die wahre Realität suchen muß.«
»Es ist so hell, so schön, so heiter. Es ist, als gehe man in

die Sonne ein und werde von ihr aufgesogen, ohne Hitze zu spüren. Man taucht wieder ein in die Ganzheit des Daseins. Ich wollte gar nicht zurückkommen.«

Das Bardo bedeutet, mit der Quintessenz des Daseins eins zu werden. Es ist die Befreiung von allen körperlichen Zwängen und trägt zur Selbsterkenntnis ohne Ego bei.

»Ich habe mich noch nie so wohl gefühlt. Überirdische Ekstase. Strahlendes, strahlendes Licht. Ich hatte keinen Körper wie auf der Erde. Statt dessen hatte ich einen Schattenkörper, einen Astralkörper, und es gab nichts, was ich mit den Füßen berührte … Es gibt keine Grenzen irgendwelcher Art. Alles ist offen. Man begegnet dort auch anderen Menschen, und wenn wir uns etwas mitteilen wollen, dann können wir es tun, ohne hören oder sprechen zu müssen.«

Das, was wir Tod nennen, ist nur ein Übergang in die körperlose Existenz. Menschen mit Nahtoderfahrung, die vom blendenden, liebenden Licht berichten und vom Lebenspanorama, haben nur eine Momentaufnahme vom Leben nach dem Tod erfahren. In den Berichten der Rückgeführten Dr. Whittons geschieht *drüben* alles gleichzeitig; deswegen bleiben auch diese Berichte fragmentarisch, da sie sozusagen aus dem Ganzen herausgeschält wurden.[86]

Dabei sind die Übereinstimmungen des Erlebten mit den NTEs verblüffend. Die Versuchspersonen berichten, sie hätten ihren Körper unter sich liegen sehen, bevor sie rasch durch einen hohen zylindrischen Tunnel gezogen worden seien. Sie stellten fest, daß sie tot sind und den physischen Körper verlassen haben. In den meisten Fällen lösten sich alle irdischen Fesseln sehr bald angesichts der einzigartigen und wunderbaren Eindrücke in der jenseitigen Welt. Am Ende des Tunnels, diesem Weg in die andere Welt, treffen viele ihre verstorbenen Verwandten und Freunde oder ihre geistigen Führer. Die Wahrnehmung des Lichtes ist Ausdruck der ungeheuren Erfahrung des kosmischen Bewußtseins: Sie ist die allumfassende Liebe.

Die überwältigende Verzückung läßt jede negative Vorstellung verschwinden – sie ist die Glückseligkeit, die wir auf Erden so nicht kennen. Wir erkennen, welchen Platz wir in der universalen Ordnung einnehmen.
Wir erfassen die Bedeutung des persönlichen Fortlebens, das Wesen der Unsterblichkeit und den Vorgang der Reinkarnation. Manche nehmen verschiedene Farbtöne wahr, die sich in ihrer Pracht mit den Farben des irdischen Spektrums nicht vergleichen lassen. Andere erfahren Erleuchtung in direkter Erkenntnis aus Gebieten, für die sie sich interessieren. Für Menschen mit bestimmten religiösen Vorstellungen vom Jenseits erfüllen sich diese Erwartungen: Sie begegnen Engeln oder gar Jesus Christus.
Gedanken und Erwartungen des einzelnen spiegeln sich direkt im Umfeld der Seele wider. Jeder Bewohner des Bardo gestaltet seine Umwelt nach dem Inhalt seines Denkens.
»Ich sehe prächtige Paläste und wunderschöne Parkanlagen. Ich bin umgeben von abstrakten Formen verschiedenster Größen, einige länglich, einige zylindrisch.«
»Landschaften, immer wieder Landschaften und Wellen, die ans Ufer schlagen.«
»Ich durchschreite ein unendliches Nichts – kein Boden, keine Decke, keine Erde, kein Himmel.«
»Alles ist unglaublich schön. Es gibt keine materiellen Dinge, und doch ist alles da ... Kirchen und Schulen, Bibliotheken und Spielplätze.«
»Ich kann nicht sagen, wo ich bin. Diese Bilder erscheinen mir aus dem Nichts.«
Mehrere Versuchspersonen von Dr. Whitton haben berichtet, sie hätten in der Trance den Namen ihrer inneren Identität (Überseele) in einer ihnen unbekannten Sprache aufgeschrieben gesehen. Jeder Versuch aber, diesen Namen auszusprechen, sei gescheitert.
Wenn es im Leben zwischen Tod und Wiedergeburt eine

persönliche Hölle gibt, dann ist das der Augenblick, in dem sich die körperlose Seele dem Gericht stellen muß. Die Höllenqualen sind die Reue, das Schuldgefühl und Selbstvorwürfe für ein Versagen in der vergangenen Inkarnation.

Jedes emotionale Leid, das ein solcher Mensch einem anderen zugefügt hat, empfindet er jetzt so, als müsse er es selbst erdulden. Die schwerste Erkenntnis ist es aber zu erkennen, daß die Tür des vergangenen Lebens verschlossen ist: Folgen für begangene Handlungen müssen jetzt im Verlauf dieser letzten Abrechnung getragen werden. Wir müssen Rechenschaft dafür ablegen, wer wir sind und was wir zu verantworten haben. Wir richten uns selbst, wobei die anwesenden Wesenheiten eine heilende, belebende Energie ausstrahlen, die alle seelischen Belastungen und Schuldgefühle vertreibt.

»Ich kann aus lauter Scham nicht zu den drei Richtern aufblicken. Und doch umgibt mich die leuchtende Wärme blauer Strahlen und des Friedens, eines Friedens, den ich nicht ausloten kann.«

»Schon, daß ich dort vor diesen Richtern stehen mußte, flößte mir Angst ein. Doch bald erkannte ich, daß ich keinen Grund hatte, mich zu fürchten. Sie strahlten so viel freundliches Verständnis aus, daß jede Furcht verschwand.«

Zum Zwecke der Selbstprüfung wird der Seele eine Rückschau auf das vergangene Leben in der Form einer Momentaufnahme, eines Panoramas vorgeführt. Hier öffnet sich eine ganze Welt, deren Existenz dem Individuum vorher nicht bewußt war. Das Gesamtbild seines Lebens stellt sich in allen Einzelheiten so deutlich dar, daß sich die Seele zum ersten Mal bewußt wird, wann sie ein auf sie wartendes Glück fortgeworfen, wann Sie durch Gedankenlosigkeit anderen weh getan hat oder wann sie in unmittelbare Lebensgefahr geraten ist. Die Seele erkennt die

Bedeutung jedes noch so unwichtig erscheinenden Ereignisses. Es ist der Augenblick der Wahrheit, der Augenblick tiefster Selbsterkenntnis. Die Seele muß erkennen, welche karmischen Tendenzen und Verhaltensmuster ihre Entwicklung beeinflußt haben. Nicht selten werden der Seele dann auch Einblicke in frühere Inkarnationen gewährt, um umfassender den Sinn des Einzellebens zu begreifen. Es ist das Wiedererinnern an die verlorene Heimat.
Die bedeutsamste Erkenntnis, die Dr. Whitton im Verlauf seiner Forschungsarbeit gewonnen hat, ist die Feststellung, daß viele ihr künftiges Leben im Zustand der Körperlosigkeit vorausplanen. Die Seele entscheidet dabei nicht allein, sondern wird von den Richtern unterstützt. Es scheint, daß jeder die Möglichkeit erhält, seine Eltern selbst zu wählen sowie die Festlegung der äußeren Umstände und der Richtung, die das zukünftige Leben nehmen soll. Es geht um die Bedürfnisse der Seele, nicht um ihre Wünsche.
»Man hilft mir dabei, das nächste Leben so vorzubereiten, daß ich mit allen Schwierigkeiten, die mir begegnen können, fertig werden kann. Ich möchte nicht die Verantwortung dafür übernehmen, denn ich habe das Gefühl, dafür nicht stark genug zu sein. Aber ich weiß, wir müssen auf Hindernisse stoßen, um diese Hindernisse zu überwinden – um stärker, wachsamer, verantwortungsbewußter zu werden und uns weiterentwickeln zu können.«
»Es gibt Menschen, die ich in meinem letzten Leben nicht gerade gut behandelt habe, und deshalb muß ich auf die Erde zurückkehren und meine Schuld abtragen. Wenn ich diesmal von ihnen verletzt werden sollte, dann werde ich ihnen vergeben, weil es mir nur darauf ankommt, nach Hause zurückzukehren. Das ist mein Zuhause.«
Einiges deutet darauf hin, daß höher entwickelte Seelen nur einer bestimmten Grundrichtung als Plan für ihr nächstes Leben folgen, wobei sie mehr Eigeninitiative entwickeln müssen, wenn sie in schwierige Situationen geraten.

Weniger hochentwickelte Seelen brauchen einen Plan, der in allen Einzelheiten ausgearbeitet ist.

Menschen mit höherentwickelten Seelen verbringen einen großen Teil im Bardo mit intensiven Studien. Materialistische Seelen nutzen den ersten Anlaß, der sich bietet, sich neu zu inkarnieren. Weniger ehrgeizige Seelen verfallen in einen Tiefschlaf, bis sie sich neu verkörpern.

Untersuchungen im Zwischenbereich zwischen den Leben haben ergeben, daß viele die Gelegenheit zu intensivem Lernen nutzen. So gibt es im Jenseits Lehranstalten, Hörsäle und Bibliotheken zwecks Vertiefung jeglichen Wissens, vor allem natürlich metaphysischen Wissens, und Einblicke in die Gesetze des Universums. Bei jedem Menschen geht es darum, den Weg zu GOTT zu finden. Eine Frau berichtet: »Wir sind nach dem Bilde Gottes geschaffen, und es kommt darauf an, daß wir GOTT ähnlich werden, um zu IHM zurückzufinden. Es gibt viele höhere Ebenen, um zu GOTT zu gelangen und um die Ebene zu erreichen, auf der wir IHM begegnen können, müssen wir jedesmal unser Gewand ablegen, bis unser Geist wirklich frei ist. Der Lernprozeß hört niemals auf. Manchmal wird uns ein kurzer Einblick in diese höhere Ebene gewährt – jede ist heller und leuchtender als die vorige war.«

Der Tod ist in Wirklichkeit die Rückkehr in die wahre Heimat, während mit der Geburt der erste Tag eines schwierigen und anstrengenden Unternehmens beginnt. Die meisten denken nur mit Widerwillen daran, das zeitlose und raumlose Bardo gegen die Enge der materiellen Existenz zu vertauschen.

Wie lange eine körperlose Seele zwischen den Inkarnationen zubringen muß, ist bei einzelnen Personen verschieden und ändert sich von einem Leben zum nächsten. Es scheint, daß man sich einer Reinkarnation nur eine Zeitlang widersetzen kann, bis der kosmische Druck so groß wird, daß die Seele gezwungen wird, ihre Entwicklung in

einem neuen Körper fortzusetzen. Die kürzeste Zeit dauerte nach den Angaben Dr. Whittons zehn Monate, die längste mehr als 800 Jahre. Der Durchschnitt liege heute bei rund 40 Jahren, bedingt durch den stetigen Wandel des Lebens in der modernen Welt, ein Faktor, der möglicherweise auch die Überbevölkerung erklärt. Hypnosetherapeuten haben überall auf der Welt durch Rückführungen festgestellt, daß viele Klienten gleich mehrmals im 20. Jahrhundert wiedergeboren wurden, was nicht zuletzt mit den beiden großen Weltkriegen in Zusammenhang gebracht wird. Viele, die im Zweiten Weltkrieg gestorben sind, sind schon zur Zeit der Geburtenschwemme nach dem Krieg wiedergeboren worden.
Bevor die Seele die irdische Ebene betritt, durchschreitet sie eine ätherische Barriere, wo bei diesem Durchgang die Schwingungsfrequenz des Bewußtseins verlangsamt wird. Jenseits dieser Barriere – der klassische Fluß des Vergessens – löst sich die Erinnerung an das Bardo auf. Dieses Vergessen hat den Sinn, daß die Seele sich nicht ständig an die Glückseligkeit des körperlosen Zustands erinnert. Auch vergißt die neuinkarnierte Seele alle Pläne für das künftige Leben.
Es wird berichtet, daß die Seele sich der Tatsache, daß sie sich in einem neuen Körper befindet, entweder einige Monate vor der Geburt oder beim Verlassen des Mutterleibes bewußt wird. Darüber gibt es in der Forschungsliteratur keine klare Übereinstimmung, ob die Seele lange vor der Geburt, zum Zeitpunkt der Geburt oder unmittelbar nach der Geburt von dem neuen Körper Besitz ergreift.

Reinkarnation und Psychotherapie

Das Spektrum der modernen Psychotherapien umfaßt eine Reihe von Techniken, die offenbar in der Lage sind, Erinnerungen aus früheren Leben ins Bewußtsein zu holen.

Nach Ansicht der traditionellen Psychologie kann es diese natürlich nicht geben, da die meisten Persönlichkeitstheorien auf der Nur-Einmal-Weltanschauung basieren.

Die am häufigsten verwendete Methode zur Aufdeckung von Erinnerungen an frühere Leben ist die Hypnose oder die Versetzung in den sogenannten Alphazustand.

Durch die Bewußtmachung dramatischer Ereignisse aus vergangenen Leben erfolgten ungewöhnlich rasche, dramatische Heilungen, die oft selbst von den Therapeuten nicht erklärt werden können. Ernste geistige und körperliche Störungen lösten sich praktisch in nichts auf, wenn erschreckende und verwirrende Erinnerungen auf geheimnisvolle Weise das Verständnis für das eigene Selbst weckten und den Patienten aus seelischen Nöten befreiten.

Dr. Brian L. Weiss ist Psychiater und Psychotherapeut mit eigener Praxis in Miami und war jahrelang Leiter der Psychiatrie im Mount Sinai Hospital, Miami. Seine Karriere verlief gradlinig, bis er seine Patientin Catherine kennenlernte, deren Fall er in seinem Buch: »Die zahlreichen Leben der Seele« veröffentlichte.

Catherine litt unter Ängsten, lähmenden Panikanfällen, Depressionen und wiederkehrenden Alpträumen ihr Leben lang. Keine konventionelle Psychotherapie half ihr in irgendeiner Weise.

Schließlich läßt sie sich in einen hypnotischen Trancezustand versenken. Als Brian Weiss ihr die Anweisung gibt, in eine Zeit zurückzukehren, in der die Symptome ihren Ursprung nahmen – und zwar ohne zeitliche Begrenzung –, erwartet er ihre frühe Kindheit.

Statt dessen springt sie ca. 4000 Jahre zurück in ein Leben im Nahen Osten. Sie berichtet über verschiedene Episoden in diesem Leben, bis sie in einer Flut oder Flutwelle ertrinkt.

Sie bestätigte die Nahtoderfahrungen, wie sie von Kübler-Ross, Moody, Ring und anderen beschrieben wurden.

Brian Weiss hatte derartige Erfahrungen bisher noch nie mit Patienten gemacht. In weiteren Sitzungen wurde Catherine in andere frühere Leben zurückgeführt, und das Unerwartete geschah: Catherines Zustand besserte sich dramatisch. Woche um Woche lösten die Erinnerungen weiterer vergangener Leben die vorher hartnäckigen Symptome auf. Innerhalb weniger Monate war die Patientin geheilt. Dr. Weiss war verblüfft und wußte nicht mehr, was er glauben sollte.

Dann berichtete sie ihm in diesem dunklen Behandlungszimmer von Dingen aus dem Leben von Dr. Weiss, die sie niemals wissen konnte:

»Ihr Vater ist hier und Ihr Sohn, der noch ein kleines Kind ist. Ihr Vater meint, Sie kennen ihn, denn sein Name sei Avrom und Ihre Tochter sei nach ihm benannt. Er sei, so sagt er, wegen des Herzens gestorben. Auch bei Ihrem Sohn sei es das Herz gewesen, denn es habe mit der Rückseite nach vorne gelegen, wie bei einem Huhn. Er brachte ein so großes Opfer für Sie aus seiner Liebe heraus. Seine Seele ist sehr weit entwickelt ... und sein Tod beglich die Schuld seiner Eltern. Er wollte Ihnen auch zeigen, daß die Medizin ihre Begrenzungen habe, und daß Ihre Möglichkeiten sehr begrenzt sind.«[87]

Dr. Brian Weiss bestätigt im folgenden, daß sein Sohn Adam 1971 nur 23 Tage nach seiner Geburt starb, weil die Lungenvenen falsch geführt waren und auf der verkehrten Seite ins Herz eintraten (eine äußerst seltene Herzerkrankung).

Sein Vater starb 1979, und sein hebräischer Name war Avrom. Vier Monate nach seinem Tod wurde seine Tochter Amy nach ihm benannt. Er wußte, daß seine Patientin diese Dinge über seine Familie von nirgendwoher hatte erfahren können. Im übrigen war sie durch die Rückführungen von ihren quälenden Symptomen geheilt.

Seither veränderte sich seine Sichtweise der Psychothera-

pie drastisch. Er erkannte, daß eine Rückführung auf einem sehr viel direkteren Weg zur Heilung von Ängsten und Schmerzen beiträgt. Bis heute versetzte er Hunderte von Einzelpersonen und Tausende in Gruppen-Wokshops in frühere Leben: von Ärzten über Rechtsanwälte, Angestellte und Hausfrauen, Arbeiter, Menschen aus allen Schichten der Bevölkerung. Sie alle verloren ihre spezifischen Phobien, Panikanfälle, wiederkehrenden Alpträume, unerklärlichen Ängste, Fettsucht, wiederholt destruktiven Beziehungen, psychische Krankheiten und so weiter.
Wichtiger als die Heilung spezifischer und emotionaler Symptome ist das Wissen, daß wir nicht sterben, wenn der Körper stirbt. Wir sind unsterblich. Wir überleben den physischen Tod.

Hypnose und Regression

Nach Dr. Weiss' Erkenntnissen erlangen wir durch Hypnose in Kombination mit der Regressionstherapie viel tieferen Zugang zum Unbewußten als bei psychoanalytischen Techniken. Dadurch werden tiefere Schichten zutage gefördert, als uns durch bewußtes Denken zugänglich werden. Es handelt sich hierbei um tatsächliche Gedächtnisfragmente aus der menschlichen Erfahrung von früheren Zeiten bis zur Gegenwart; nicht aber um die Archetypen nach Jung, dem kollektiven Unbewußten. Traumatische Muster werden im Trancezustand wiedererkannt, die sich in unterschiedlicher Form von einem Leben zum anderen wiederholen: z. B. sexueller Mißbrauch durch den Vater, Alkoholismus, der Leben zerstörte und ruinierte, Haßliebe etc.
Erinnerungen an tatsächliche Begebenheiten in früheren Leben erfolgen nach zwei Mustern:
Das erste ist das sogenannte *klassische Muster*. Der Patient

ist in der Lage, eine sehr ausführliche Darstellung seines Daseins und der Ergebnisse darzustellen: Von Geburt bis zum Tod zieht das Leben vorbei. Ohne Schmerzen in Klarheit sieht er die Todesszene, und es erfolgt in der Therapie ein Rückblick auf das vergangene Leben. Im Lichte einer höheren Weisheit werden die Lebensaufgaben noch einmal veranschaulicht (Lebenspanorama in der NTE).

Das zweite Muster der Erinnerung ist das *Schlüsselerlebnis-Schema*. In diesem Fall verknüpft das Unterbewußtsein die wichtigsten oder relevantesten Momente aus mehreren Leben, das heißt jene Schlüsselerlebnisse, die das verborgene Trauma am besten aufhellen und dem Patienten auf schnelle und wirksame Weise Heilung verschaffen. Die Erinnerung an frühere Leben ist eine Möglichkeit von vielen, eine intuitive Erfahrung zu machen. Wer je eine solche erlebt hat – eine Eingebung, eine Voraussage, eine Gotteserfahrung, einen Wahrtraum – weiß, wie wertvoll und kraftspendend dieses sein kann und wie es zu einer deutlich spürbaren Verbesserung der Lebensqualität führt.

Seelenverwandtschaften

Eines der faszinierendsten Ergebnisse jüngerer Reinkarnationsforschung ist die Feststellung, daß Menschen durch ihre Liebe auf ewig miteinander verbunden sind. Sie begegnen sich Leben für Leben immer wieder, und es obliegt auch hier unserer eigenen Entscheidung, ob wir auf eine Begegnung mit einem Seelenverwandten reagieren oder nicht. Eine verpaßte Chance kann zu großer Einsamkeit und Leid führen, die richtige Wahl hingegen zu unendlicher Freude und persönlichem Glück.

Brian Weiss stellt in seinem Buch »Die Liebe kennt keine Zeit. Eine wahre Geschichte« Elizabeth und Pedro vor, zwei Menschen, die in einigen früheren Leben schon ein

Liebespaar waren und sich scheinbar verloren hatten. Ohne einander zu kennen, wenden sie sich beide an den Psychiater Dr. Weiss, um tiefe Depressionen und Beziehungsängste zu überwinden. Irgendwann im Laufe der Rückführungstherapien entdeckt Dr. Weiss Übereinstimmungen in den früheren Leben der beiden.
Dr. Weiss ist ein äußerst angesehener amerikanischer Psychiater und Rückführungstherapeut. In den letzten fünfzehn Jahren hat er viele Familien und Paare behandelt, die durch die Begegnung mit früheren Leben heutige Partner oder geliebte Menschen wiedererkannten. Manche Paare fanden sich gemeinsam in früheren Leben wieder: Sie beschrieben die gleichen Erinnerungen und Situationen.
Bei Pedro und Elizabeth war es genau umgekehrt. Ihrer beider Leben wie auch die früheren offenbarten sich unabhängig und getrennt voneinander in der Praxis von Dr. Weiss.
Als der Psychiater schließlich die Zusammenhänge ihrer jeweiligen früheren Leben entdeckte, kam er in einen erheblichen Gewissenskonflikt, da er nicht intervenieren durfte. Dr. Weiss entschied sich, sie zur gleichen Zeit in die Praxis zu bestellen. Sie trafen sich, erkannten sich aber nicht sofort. Schließlich griff das Schicksal ein: Durch einen verpaßten Flug mußte Elizabeth denselben Flug wie Pedro buchen. Er sieht sie, erkennt sie aus der Praxis wieder, und sie kommen ins Gespräch. Bei einer Turbulenz während des Fluges ergreift er ihre Hand: Die Verbindung der Seelen war hergestellt. Heute sind die beiden glücklich verheiratet und haben eine Tochter.
Eine Seelenverwandtschaft ist dadurch gekennzeichnet, daß sie mit dem Herzen erkannt wird, nicht aber mit den Illusionen und den Vortäuschungen des Verstandes. Das Herz läßt sich nie täuschen. Es ist imstande, durch eine *Berührung* oder eine vertraute Geste den Schleier der Zeit hinwegzureißen und den anderen als lange vorher ge-

kannte Seele wiederzuerinnern. Der Magen verkrampft sich, eine Gänsehaut überzieht die Arme, die Welt um einen herum versinkt. Der Augenblick wird Gegenwart, und diese Gegenwart ist alles, was zählt. Man weiß, man erkennt, man fühlt: Wir gehören zusammen! Aber nur, wenn beide einander wiedererkennen, könnte kein Vulkan mit größerer Leidenschaft ausbrechen. Die Energie ist überwältigend. Seelenverwandtschaft ist das Gefühl der Vertrautheit, das Wissen, daß eine fremde Person in die Tiefe der Persönlichkeit eindringt, in Bereiche, die sonst nur mit engsten Angehörigen geteilt werden: Das intuitive Wissen, was der andere denkt, fühlt oder als nächstes sagen wird, und das Vertrauen, welches in einem einzigen Augenblick geboren wird. Derartige Begegnungen erinnern uns daran, daß wir alle bis ans Ende der Zeit und darüber hinaus zusammensein werden.
Das Wiedererkennen, das jemanden erreicht, kann ein Kind sein oder die Eltern. Es kann die Schwester sein, der Bruder oder ein guter Freund oder auch ein Fremder. Und auch *die* große Liebe, die wir nach zahlreichen Jahrhunderten wiederfinden.
Der Prozeß, einen Seelenverwandten wiederzuerkennen, kann auch quälend sein, vor allem, wenn der andere es nicht spüren, nicht wahrhaben *will,* weil er an äußere Vorstellungen zu sehr gebunden ist. Die Ängste, der Intellekt, die eigenen Probleme verschleiern den Blick manchmal so sehr, daß der andere nicht mehr mit dem Herzen erkannt werden kann. Das kann zu viel Leid und Kummer führen – aber der andere erkennt nicht. Nicht jeder ist sofort in der Lage, klar zu sehen.
Hier ein schönes Beispiel dafür. Eine Teilnehmerin der Seminare bei Brian Weiss berichtet:
»Seit sie ein kleines Mädchen gewesen war, fand sie Trost und Befreiung von ihren Ängsten, indem sie ihre Hand an einer Seite ihres Bettes herunterhängen ließ, wo diese lie-

bevoll von einer anderen Hand gehalten wurde. Sie wußte, daß sie jederzeit nach dieser Hand greifen konnte und von ihr getröstet wurde ... Als sie mit ihrem ersten Kind schwanger wurde, verschwand die Hand. Sie vermißte diese liebevolle und vertraute Begleitung. Keine Hand konnte die ihre auf so zärtliche Art ergreifen. Dann wurde ihr Baby geboren, eine entzückende kleine Tochter. Kurze Zeit nach der Geburt, während beide gemeinsam im Bett lagen, nahm das Baby ihre Hand. Ein plötzliches und überwältigendes Wiedererkennen dieses altvertrauten Gefühls überflutete ihre Sinne. Ihre Beschützerin war zurückgekehrt. Sie weinte vor lauter Glück, spürte ein aufwallendes Gefühl von Liebe und eine Verwandtschaft, die weit über alles Physische hinausging.«[88]
Die Vorstellung der physischen Wiedervereinigung von Familien, Freunden und Geliebten aus früheren Leben ist zu allen Zeiten und in verschiedenen Kulturen unabhängig voneinander entwickelt worden. Der amerikanische Dichter Ralph Waldo Emerson drückte diese Tatsache so aus: »Es ist das Geheimnis dieses Lebens, daß alle Dinge weiterbestehen und nicht vergehen, sie entfernen sich nur ein wenig aus dem Blickfeld und kehren dann wieder zurück. Nichts ist tot, die Menschen wähnen sich tot und lassen lächerliche Totenfeiern und klagende Nachrufe über sich ergehen, und da stehen sie und sehen aus dem Fenster, wohlauf und gesund in irgendeiner neuen ungewohnten Verkleidung.«
In Wirklichkeit ist *alles* Liebe. Nur durch die Liebe verstehen wir, können wir begreifen! Mit dem Verstehen kommt die Geduld. Und die Zeit steht still, weil alles jetzt ist. Alles besteht aus Energien. Alles ist Liebe, was das Geheimnis GOTTES ist. Falsche Überzeugungen und Wertungen erschaffen die Illusion der Verschiedenartigkeit, des Getrenntseins von anderen. Es sind unsere eigenen Gedanken, die unsere eigene Wirklichkeit erschaffen. Zweifel,

Kummer, Sorge und Angst verhindern die Erkenntnis von Ganzheit, die immer da ist, und die Liebe ist. Denken hindert uns daran, zu lieben, wenn und aber, vor und zurück und überhaupt. Ängste (wie z. B. vor Verlusten jeder Art) stammen aus der Kindheit oder aus früheren Leben.
Aber wir können nichts verlieren. Das Schlimmste ist beileibe nicht der Tod, was uns passieren kann.
Wir leben ewig, kehren zurück oder wählen eine andere Existenz auf einem anderen Stern oder in der geistigen Welt. Nur Liebe zählt immer, weil sie unvergänglich ist. Der Tod ist nur ein Übergang in eine andere Form des Seins, niemals aber ein Ende, weil ein Ende der Seele nicht existiert. Wenn wir die Perspektive auf die Dinge ändern, können wir unser Leben völlig neu gestalten. In Wirklichkeit sind wir niemals allein. Es ist der Mut zum Risiko, der uns neu erblühen und die Unsterblichkeit erkennen läßt – alles ist Form, alles ist Leben, ewiges Leben, alles zusammen ist GOTT. Es gibt kein Getrenntsein, das hat es nie gegeben, und alles ist Liebe. Wenn wir unserer Intuition folgen, sind wir in der Lage, mehr über die Liebe zu begreifen. Die Augen sind die Fenster der Seele. Ein Wiedererkennen erfolgt in Rückführungen eher mit spontaner, unfehlbarer Gewißheit, wenn ein Patient einer anderen Person ins Auge schaut. Wenn ein früheres Leben erinnert wird, braucht man dem Seelenverwandten nur in die Augen zu sehen, um zu erkennen. Die Schwingung, die Energie wird erkannt, man »erinnert« sich an die Ausstrahlung eines geliebten Menschen, und die tiefere Persönlichkeit wird wahrgenommen. Ein inneres Gespür, das vom Herzen kommt, stellt sofort die Verbindung her. Es geht nicht um die körperliche Gestalt, nicht um die Form oder die Unterschiede – die Seele ist die gleiche. Die Seelenschwingung spricht uns an, sie wird wiedererkannt.
Die universelle und zeitlose Frage: »Wie werden wir unsere geliebten Menschen wiedererkennen?« ist natürlich

nicht an eine physische Form gebunden. Das Wiedererkennen einer Seele geschieht durch ein inneres Gespür für eine ganz besondere Energie, Ausstrahlung oder Schwingung eines geliebten Menschen. Im Inneren verfügen wir über eine intuitive Weisheit, die ein Erkennen möglich macht.
Viele Menschen berichten von Kontakten nach dem Tod mit ihren geliebten Angehörigen. Diese helfen den Menschen dann oft, sie zu erkennen, indem sie die körperliche Gestalt annehmen, in der man sie kannte, wobei sie allerdings jünger und gesünder wirken. Eigentlich geht es dabei um die Feststellung, daß wir niemals wirklich alleine sind. Die starke Energie der Liebesverbindungen kann nie abreißen.
Die Idee der Unsterblichkeit der Seele und des Wiedererwachens des Bewußtseins in immer wechselnder körperlicher Gestalt kann uns Trost und Halt bieten. Der Trennungsschmerz und die Erinnerung bei dem Verlust eines geliebten Menschen bringt uns natürlich die geliebte Person nicht physisch zurück, weil die Existenzebenen unterschiedlich sind. Aber wenn wir für die geistige Welt um uns herum und in unserem Inneren offen sind, finden sich Hinweise, daß die Verstorbenen um uns sind.
Brian Weiss schreibt: »Wir sind alle unsterblich, göttlich und unvergänglich. Der Tod bedeutet nichts anderes, als durch eine Tür zu gehen und einen anderen Raum zu betreten. Wir kehren immer wieder zurück, um bestimmte Lektionen oder Charaktereigenschaften dazuzulernen, wie etwa Liebe, Vergebung, Verständnis, Geduld, bewußtes Erleben, Gewaltlosigkeit. Wir lernen andere Eigenschaften abzulegen: Furcht, Zorn, Habgier, Haß, Stolz, Egoismus. Sie sind das Ergebnis überkommener Werte. Dann machen wir unseren Abschluß und können diese Schule verlassen. Uns bleibt alle Zeit dieser Welt, um zu lernen und uns anderer Dinge zu entledigen; wir sind einzigartig, wir sind von Gottes Natur.«[89]

Hinzuzufügen ist, daß wir eigentlich diese Dinge nicht immer wieder mühsam erlernen müssen, sondern daß sie tief in unserem Inneren als Wissen vorhanden sind. Eigentlich brauchen wir uns dieser tiefsten Weisheiten nur wiederzuerinnern.

An einer anderen Stelle seines Buches berichtet Brian Weiss, daß er gelegentlich Paare gleichzeitig zurückführt. Allen Rückführungstherapien sind die Themen Trennung und Verlust gemeinsam, da es stets um die Heilung psychischer Wunden und Ängste geht. Alte Traumata sind die Ursachen unserer Schmerzen und Symptome aus einem gegenwärtigen oder früheren Leben. Hierzu ein Beispiel von Weiss von einer simultanen Rückführung eines Ehepaares: »Unglaublicherweise hatten sie dasselbe frühere Leben miteinander durchlebt. Er war in jenem Leben ein britischer Offizier in den dreizehn Kolonien gewesen und sie eine Frau, die dort lebte. Er wurde nach England zurückbeordert und kehrte niemals wieder zu seiner Liebe zurück. Sie zerbrach an diesem Verlust, und doch gab es nichts, was sie hätten tun können. Beide sahen und beschrieben die Frau aus den Kolonien in derselben altertümlichen Kleidung. Sie beide beschrieben auch das Schiff, mit dem er die Kolonien verließ, um nach England zurückzukehren, und ebenso den tränenreichen, traurigen Abschied, den sie damals voneinander nahmen. Alle Einzelheiten ihrer Erinnerung stimmten überein. Diese Erinnerungen machten auch die Probleme ihrer heutigen Beziehung transparent. Eines der Hauptprobleme war nämlich ihre fast besessene Angst davor, sich von ihm zu trennen, und im Gegenzug sein immerwährendes Bedürfnis, ihr ständig zu versichern, daß er sie nicht verlassen würde. Ihrer beider Verhalten entbehrte eigentlich, was ihre jetzige Beziehung anging, jeder Grundlage. Die Ursprünge dieses Verhaltens wurzelten jedoch in kolonialer Zeit. Andere Therapeuten, die Rückführungen in frühere Leben

vornehmen, kommen zu dem gleichen Schluß: Die traumatischen Ereignisse überwiegen bei weitem. Todesszenen sind sehr wichtig, weil sie häufig traumatischer Natur sind. Alle Leben gleichen einander und ebenfalls die wichtigsten Ereignisse in ihnen, denn zu allen Zeiten und in allen Kulturen waren es immer die gleichen Themen und Gedanken, mit denen sich die Menschheit befaßt hat.«[90]
Es kann durchaus mehr als einen Seelenverwandten geben, denn auch Seelenfamilien reisen durch die Zeit. Auch wenn sich jemand entscheidet, eine weniger eng verwandte Seele zu heiraten, hat man etwas Besonderes zu erleben. Wann sich im Leben eine solche Begegnung ereignet, ist vom Schicksal bestimmt. Manche machen nie eine solche Erfahrung. Wichtig ist in diesem Zusammenhang die Entwicklung einer Seele: Für eine weiterentwickelte Seele ist es Gift, mit einer weniger entwickelten Seele oder gar unwissenden Seele zusammenzusein. Die Flucht in Phantasien bleibt dann oft nicht aus. Man klammert sich an Gedanken wie: »Ich kann ihn oder sie ändern, ich kann ihr oder ihm helfen.« Zu lernen bleibt dann die Tatsache, daß man niemanden zwingen kann, daß er etwas erkennt oder wie er es tun sollte, wenn der Betreffende das nicht genauso empfindet. Der Prozeß des Aufwachens, des Wiedererinnerns, kann nicht erzwungen werden. Und insofern kann eine Seelenverwandtschaft auch viel Leid verursachen. Häufig sind wir Menschen im Alltagsbewußtsein gefangen, was ein Erwachen verhindert. Voraussetzung zum Erkennen ist, sich der vielen Existenzebenen der Seele bewußt zu sein. Man läuft einer verwandten Seele nicht jeden Tag über den Weg, sondern meistens nur ein oder zwei Male im Leben. Wir entscheiden, ob wir dem Ruf des Herzens folgen wollen oder nicht. Letztlich kann die höchste Erfüllung nur dann zustande kommen, wenn beide sich der Seelenverwandtschaft bewußt sind und sich wiedererinnern. In dem Fall ist das der Himmel auf Erden.

Nahtoderfahrung und Rückführung

In den letzten 25 Jahren vollzog sich ein grundlegender Bewußtseinswandel: Eine ganze Generation von Menschen wächst heran und hört immer wieder von Nahtoderfahrungen, Regressionen in frühere Leben, dem vorübergehenden Verlassen des Körpers, Jenseitserscheinungen (d. h. sogenannte Nachtodkontakte) und einer Anzahl anderer spiritueller Phänomene. Film und Fernsehen beschäftigen sich ständig mit diesen Themen in Talkshows oder den zahlreichen Mystery-Serien.

Die emsigen Forschungsarbeiten im Gefolge von Kübler-Ross und Moody werden es bald möglich machen, paranormale Visionen oder spirituelle Erfahrungen problemlos bei normalen Menschen hervorzurufen.

Es haben sich unterschiedliche Techniken zur Herbeiführung oder Unterstützung der visionären Fähigkeiten des Menschen herausgebildet (z. B. Astralreisen unter Laborbedingungen, Regressionstechniken von Hypnose bis zum völlig ungefährlichen Alphazustand u. ä.).

Moody entwickelte in den letzten Jahren eine Technik, mit deren Hilfe Erwachsene im Wachzustand lebhafte, farbige, dreidimensionale, lebensgroße sich bewegende Erscheinungen von verstorbenen Angehörigen und Freunden sehen können. Selbst hartnäckige Fachkollegen waren von der Wirklichkeit ihrer herbeigeführten Begegnungen überzeugt. All diese unterschiedlichen Techniken gelten als Mittel zur Veränderung des Bewußtseins.

Nahtoderlebnisse und parallele Erkenntnisse in der Reinkarnationsforschung im Bereich der Regression ergänzen einander. Die stets wiederkehrende Aussage der »Wissenden«, d. h. Menschen mit NTE oder Regressionserfahrung, ist die klare Erkenntnis, daß das Leben nicht mit dem Tod endet, und daß es die wichtigste Aufgabe auf Erden ist, lieben zu lernen.

Dr. Weiss faßt seine diesbezüglichen Erkenntnisse wie folgt zusammen: »Patienten, die ihren Tod in früheren Leben beschreiben, verwenden dieselben Bilder, Schilderungen und Metaphern wie Kinder und Erwachsene mit Nahtoderfahrungen. Die Ähnlichkeiten sind frappierend, obwohl die lebhaften Beschreibungen des Todes in früheren Leben in der Regel von hypnotisierten Patienten stammen, die vorher nicht mit der einschlägigen Literatur über Nahtoderfahrungen vertraut waren.«[91]
Auch die Veränderung der Werte, Perspektiven und Lebensansichten stellt sich nach erfolgreicher Regressionstherapie ein, wobei die spirituelle Komponente offensichtlich den größten Anteil an einer Heilung hat: »Sobald Menschen an ihrem eigenen Leib erfahren, daß sie nicht sterben, wenn ihr Körper stirbt, werden sie sich ihrer göttlichen Natur bewußt, die Geburt und Tod überdauert. Dieser Gedanke fördert den Willen zu leben und geheilt zu werden sowie den Glauben, daß einem Heilung widerfahren kann und wird. Die Patienten werden sich der uns innewohnenden höheren Kräfte bewußt, durch die wir unser Leben meistern und unser göttliches Potential erkennen und ausschöpfen können. Sie haben weniger Angst und sind gelassener. Ein noch größerer Teil ihrer Energie kann auf den Heilungsprozeß gerichtet und von Furcht und Leid abgelenkt werden.«[92]
Hierzu ein Beispiel: Die 38jährige Geschäftsfrau Kathy litt unter Übergewicht und Panikattacken vor allem beim Autofahren. Die Panikattacken hörten auf, als sie erkannte, daß sie in ihrer frühen Kindheit mehrere verdrängte traumatische Unfälle erlitten hatte. Nun wollte sie in bezug auf ihr Übergewicht Näheres herausfinden. Sie findet sich in der Nazizeit wieder, wo unmenschliche medizinische Experimente mit ihr veranstaltet werden. Sie starb in einem dieser Lager, dürr und zum Skelett abgemagert, und sie empfand ihren Tod als langersehnte Lösung von ihren

Qualen. Sie schwebte über ihrem Körper und entdeckte schon bald ein helles Licht, zu dem sie sich wie magnetisch hingezogen fühlte. Das Licht spendete Kathy Trost, und sie war von einem unglaublichen Gefühl des Friedens und der Liebe erfüllt.[93]

Durch die Rückführung erkannte Kathy, daß sie sich vor dem Trauma des Verhungerns schützen wollte, doch nun diesen Schutz nicht mehr brauchte. In den folgenden sechs bis acht Monaten verlor sie beständig ihr Übergewicht.

Rückführungen bestätigten die gleichbleibende und ähnliche Erfahrung des eigentlichen Todes. Der bewußte Teil des Menschen, die Seele, verläßt den Körper im Augenblick des Todes und wird dann von einem wunderschönen, liebevolle Energie spendenden Licht angezogen. Geistwesen sind anwesend, um beim Übergang zu helfen. All das geschieht automatisch. Menschen, die rückgeführt wurden, verlieren durch das Wiedererinnern an verschiedene Todeserlebnisse die Angst vor dem Tod.

Die Angst vor dem Tod ist so übermächtig, daß der Mensch gewaltige Anstrengungen unternimmt, diese zu kaschieren: Hinweise darauf liefert der um sich greifende Jugendwahn, das exzessive Körpertraining, ein übertriebenes, fast panikhaftes *Gesundheitsbewußtsein*, Anhäufung von materiellem Besitz, der Illusion, Sicherheit kaufen zu können usw. Der Tod wird so außerordentlich stark ausgegrenzt, daß dadurch der eigentliche Sinn unseres Lebens in Vergessenheit gerät: Der Mensch wird zum Spielball der Medien, die tagtäglich die allgegenwärtige Angst vor dem Tod in immer neuen Facetten ausbreiten: Angst vor Schmerzen, vor Kriminalität, vor Überfällen, vor Krebs (z. B. Antiraucherkampagnen), Angst vor Leiden, vor BSE, vor den Folgen falscher Ernährung (wobei man danach eigentlich gar nichts mehr essen darf!), vor Giften in Luft, Wasser und Erde, etc. Durch die ständige Angst, daß uns etwas Unvorhergesehenes passieren könnte, wird übersehen, daß wir durch unsere Gedanken gerade das anziehen, was wir am wenigsten wollen. Wer aber die Angst vor dem Tod verliert, der ist wirklich frei: Der Tod ist weiß Gott nicht das Schlimmste, was einem Menschen widerfahren kann. Millionen von Menschen mit Nahtoderfahrung oder Rückführungen konnten vor allem ihre Lebensqualität erheblich verbessern, indem sie die Angst vor dem Tod als die eigentliche Blockade erkannten.

Viele Menschen haben kein Vertrauen in das beständige Vorhandensein der Urkraft (GOTT), die uns immer sicher trägt: Wer erkennt, daß der Tod nicht existiert, weiß, daß ihm niemals wirklich etwas Schlimmes widerfahren kann. Es ist der beständige Zweifel im Menschen, der unsere Gedanken verwässert und verdunkelt.

Brian Weiss drückt seine diesbezüglichen Erfahrungen mit seinen Patienten so aus: »… es betraf die Angst vor dem Tod, diese verborgene ständige Angst, die weder durch Geld noch durch Macht neutralisiert werden kann, – das war der Kern.« – »Das Leben ist endlos, also sterben wir nie, und wir werden nie wirklich geboren – wenn die Menschen das wüßten, würde diese Angst sich auflösen. Wenn sie wüßten, daß sie bereits zahllose Male vorher gelebt haben und noch unzählige Male leben werden, wie getröstet würden sie sich fühlen. Wenn sie wüßten, daß Geistwesen da sind, um ihnen beizustehen, während sie sich im physischen Körper und in dem Nachtodesbereich befinden, im geistigen Zustand, sie würden sich diesen Geistwesen, zu denen auch ihre verstorbenen Verwandten gehören, anschließen. Wie gut würde ihnen das tun. Wenn sie wüßten, daß es die Schutzengel wirklich gibt, wieviel sicherer würden sie sich fühlen. Wenn sie wüßten, daß Gewalttaten und Ungerechtigkeiten gegenüber den Menschen nicht unbemerkt bleiben, sondern in anderen Leben abgegolten werden müssen, wieviel weniger Wut und Rachsucht würden sie hegen.«[94]

Das Licht nach dem Tode und das Leben nach dem Tod, unsere Wahl, wann wir geboren werden und wann wir sterben, all das ist nicht in Jahren zu messen, sondern an der Ewigkeit. Durch beständiges Lernen und das Erfüllen von Aufgaben, die wir uns selbst gesetzt haben, gilt es durch Erfahrungszuwachs und Liebe gottähnlich zu werden: Glaube, Liebe, Hoffnung und daraus resultierendes Tun sind der Weg zurück nach Hause.

Die rapiden Fortschritte und Heilungen durch Reinkarnationstherapie auch bei hartnäckigen Symptomen sind wie bei den Nahtoderfahrungen auf die Kraft des Wiedererinnerns zurückzuführen. Wer sich an den tieferen Sinn des Lebens und des Todes als natürlichen Bestandteil des Lebens erinnert, wird geduldiger, einfühlsamer und liebevoller. Ein solcher Mensch fühlt sich verantwortlich für seine Handlungen, egal ob positiv oder negativ. Die Vollkommenheit und Sinnhaftigkeit allen Geschehens wird begriffen, wobei das Wissen, was uns durch Erkenntnis zuwächst, gelebt werden muß, da es sonst in der Theorie steckenbleibt. Wenn der Mensch sich weiter von Gier und Ehrgeiz treiben läßt und dadurch von der Angst gesteuert wird, wird er sich mit der Zeit selbst zerstören. Wir haben die Wahl.

Ausblick

Der Reinkarnationsforscher Rabbi Yonnasan Gershom stieß durch seine Vorlesungen über jüdische Esoterik und Kabbala auf die Möglichkeit, daß die im Holocaust verbrannten und vergasten Juden in den Körpern und Seelen der nichtjüdischen Nachkriegsgeneration auftauchen könnten. Ausgelöst wurden seine Forschungen durch die Geschichte einer jungen Frau, über die er in seinem Buch »Beyond the Ashes« berichtet: »Seit ihrer Kindheit versetzte die bloße Erwähnung des Holocaust diese Frau in eine unerklärliche Angst. Nun schrieb ihre Schwester gerade an einer Arbeit über die Konzentrationslager und bestand darauf, ihr das Material zu zeigen, doch konnte sie es einfach nicht ertragen. Während mein Gast redete, konnte ich die Angst in ihren tiefblauen Augen sehen. Plötzlich fühlte ich, wie ich in einen anderen Bewußtseinszustand rutschte, was mir manchmal während der Beratung passiert. Ich sah, wie sich über ihr hübsches Gesicht ein anderes, mageres und ausgezehrtes legte. Zugleich hörte ich mehrere Stimmen, die eine alte klassische Weise sangen. Auf mich wirkte es, als würden wir uns zwischen zwei verschiedenen Zeiten hin und her bewegen ... ›Ich würde gerne etwas versuchen‹, sagte ich, ›lassen Sie mich eine Melodie summen und sagen Sie mir, ob Sie sie schon einmal gehört haben.‹ Ich begann zu summen, und ihre Augen weiteten sich vor Schreck. Dann brach sie zusammen und schluchzte, daß sie im Holocaust gestorben sei. Die Melodie war ›Ani Maamin‹ – ich glaube! Mit diesem frommen Lied auf den Lippen sind Tausende von Juden in die Gaskammern gegangen. Niemals in diesem Leben hatte sie das Lied gehört.«

Schließlich begegnete Rabbi Gershom immer mehr Menschen, die an eine Holocaust-Reinkarnation denken ließen. Die auffälligsten Eigenschaften dieses Profils werden nachfolgend beschrieben. Gershom erblickt seine Aufgabe darin, die Qual der Holocaust-Opfer in der nächsten Generation aufzuheben. Er glaubt, daß dieses Leid nicht von allein vergeht, sondern über die Wiedergeburt ständig weiter bearbeitet werden muß. Nur so seien auch die Auswirkungen historischer Ereignisse zu verstehen:

1. Kindheitsalpträume, Phobien mit Holocaust-Themen, die der Person oder Familie nicht bekannt sind; z. B. irrationale Angst vor schwarzen Stiefeln;
2. nichtjüdischer Hintergrund, aber Zeichen von Zwängen

und Verhaltensweisen, die sich auf jüdische Bräuche und Rituale beziehen;
3. ein jüdischer, aber explizit areligiöser Hintergrund und doch – ein angeborenes Verständnis für jüdische Mystik;
4. das Gefühl, in der Familie deplaziert zu sein; Gershom schreibt dieses der Tatsache zu, daß Kinder, die im Holocaust starben, schneller ins Leben zurückkehrten als Erwachsene;
5. während der Geburtenschwemme zwischen 1946 und 1953 geboren zu sein;
6. Asthma, Atemprobleme und/oder Eßstörungen;
7. helles Haar und helle Augen als einziger in der Familie;
8. sicherer Eindruck von Ehrlichkeit.

In der mittlerweile erschienenen deutschen Übersetzung »Kehren die Opfer des Holocaust wieder?« werden Gespräche von Hunderten von Personen wiedergegeben, die von Erinnerungen an Erlebnisse aus ihrer jüdischen Vergangenheit in der Hitlerzeit geplagt werden. Dabei handelt es sich um Amerikaner, die zwischen 1945 und 1955 geboren wurden. Es sind bei weitem also keine Einzelfälle oder Ausnahmen. Der offene Geist des Yonasson Gershom, eines chassidischen Geschichtenerzählers und Schriftstellers, fordert den Leser auch zu einer intensiven Beschäftigung mit der Wiederverkörperungslehre im Judentum heraus. Sicherlich wird in Zukunft auch angesichts des Holocaust mit neuen Einsichten durch mutige Reinkarnationsforscher zu rechnen sein.

Die Wiedergeburt scheint auch in der westlichen Welt immer mehr ihren Siegeszug anzutreten. Der Schlüssel liegt auch hier im Wiedererinnern!

Schlußbemerkung:

Die spirituelle Sprengkraft des Wiedererinnerns

Der Mensch ist mehr als sein Gehirn: Er ist der ewige, unsterbliche Geist, der durch den Körper an die Materie gebunden ist. Todesnäheerfahrungen belehren uns über das Vorhandensein einer höheren, ordnenden Kraft, die wir GOTT nennen. GOTT ist keine Person, kein Übervater, sondern die Schöpferkraft, die Liebe ist.
Die Erfahrung von Todesnähe belegt, daß die vom Menschen am meisten gefürchtete Auslöschung nicht erfolgt, statt dessen kommt es zu einem Wiedererinnern an die geistige Heimat, die die Menschen heil werden läßt. Die intuitive Ahnung eines unbegrenzten Sinnzusammenhangs bestätigt sich. Die Todesnäheerfahrung ist universal. Sie kommt in allen Kulturen nach einem ähnlich ablaufenden Schema vor und ist vollkommen unabhängig von religiösen und theologischen Vorstellungen. Es zeigt sich, daß hinter allem Geschehen ein bewußter, intelligenter Geist steht. Ohne das, was wir GOTT nennen, ohne diese Urkraft wären all diese Phänomene nicht denkbar und unmöglich. Ohne die Kraft, die das Universum in Schwingung gebracht hat, würden wir gar nicht existieren. Das wissen auch die heutigen Naturwissenschaftler und Astronomen. Neueste Messungen des Hubble-Superteleskops belegen die ewige Ausdehnung des Alls. Die Zeit wird ewig dauern, und unser Universum scheint nur eines von

vielen zu sein. Die Wissenschaftler sprechen schon von einer zweiten kopernikanischen Revolution: Dem neuen Weltmodell nach dehnte sich das Universum kurz nach seiner Geburt in Überlichtgeschwindigkeit aus. Dabei kamen die Wissenschaftler zu dem Schluß, daß angesichts der Daten eine Vakuum-Kraft existiert. Dieser Leere zwischen den Galaxien wohnt jene Energie inne, die das Universum vergrößerte. Dadurch entstand die Einsicht bei den Forschern, daß es mehrere Universen geben muß. Die Forscher nehmen an, daß es in anderen Welten ganz andere Arten von Leben geben muß als in unserer Raum-Zeit-Dimension. Die Wissenschaftler stehen vor dem Mysterium der Urkraft. GOTT rückt in greifbare Nähe.
Schon die Existenz der Ordnung im Universum erhöht diese Wahrscheinlichkeit: Nur eine winzige Verschiebung der Naturkonstanten würde verhindern, daß irgendwo im Universum Leben und damit Intelligenz entstehen kann. Natürlich ist das Gottesbild der modernen Physik weit entfernt von der Vorstellung eines religionsstiftenden Übervaters. Einstein, der Vater der Relativitätstheorie glaubte an Spinozas Gott, »... der sich in der gesetzlichen Harmonie des Seienden offenbart, nicht an einen Gott, der sich mit dem Schicksal und den Handlungen der Menschen abgibt.«[95]
Daß Gott sich eben nicht in das Schicksal und die Handlungen der Menschen einmischt, erschließt sich aus den Berichten der Menschen mit Nahtoderfahrungen. Alle Menschen, die eine Lichterfahrung gemacht haben, sprechen von bedingungsloser, vorher nie gekannter Liebe. GOTT *ist* Liebe! Würde er in das menschliche Geschehen ständig eingreifen, hätten wir keine freie Wahl unserer Handlungsmöglichkeiten. Da wir aber geistige Wesen sind, die sich auf ihre eigentliche Herkunft und Heimat nur besinnen müssen, ist es die Wiedererinnerung durch eine Nahtoderfahrung an das Wissen hinter dem Wissen, die

die Menschen sich auf bemerkenswerte Weise verändern läßt. Dahinter steht dann die Erkenntnis der Eigenverantwortlichkeit. Durch die Summe seiner Gedanken, Handlungen und Worte erschafft sich der Mensch sein Schicksal selbst. Wenn Leid und Begrenzungen als liebevoller Fingerzeig begrüßt werden können, wird in einem größeren Sinnzusammenhang offenbar, daß wir in jedem Augenblick im Hier und Jetzt unser Leben durch eine einzige Entscheidung verändern können.

Jede menschliche Entscheidung gründet sich entweder auf Angst oder Liebe mit entsprechenden Konsequenzen. Jeder Mensch hat die freie Wahl, in die GOTT niemals eingreift. In dem Sinne sind alle Leidenserfahrungen und Verluste, die wir als Menschen entgegennehmen müssen, Möglichkeiten der Veränderung und des Wachsens an Verständnis und Liebe. Nichts geschieht zufällig:
Es ist lediglich die Angst, die uns hindert, den größeren Zusammenhang hinter den Dingen zu erkennen. Angst, Furcht, Zweifel begrenzen uns, Liebe zeigt sich in der Unbegrenztheit. Menschen mit Nahtoderfahrungen wissen, daß sie keine Angst mehr haben müssen, denn sie haben durch ihr Erleben ein Vertrauen in die Urkraft.

Nur dieser Mangel an Vertrauen läßt zu viele Menschen kapitulieren, zugrunde gehen und vor allem nicht verstehen. Sie verschließen sich in die engen Grenzen des Nihilismus und Fanatismus, wo nichts mehr einen Sinn hat und alles egal und beliebig austauschbar wird.

Die Nahtoderfahrung hingegen erweist sich durch das Wiedererinnern als spirituelles Potential. Wenn es einfach möglich ist, daß durch eine solche Erfahrung, die häufig nicht länger als fünf Minuten andauert, der Betreffende sich völlig verändert, so kann dann ein immenses Heilpotential erfahren werden. Auch durch intensive Beschäftigung mit dem Sterben und was dabei geschieht, lösen sich verborgene Ängste in Vertrauen auf: Es gibt keinen Tod.

Der Tod ist nur ein Übergang in eine andere Form des Seins. Daß es den Wissenschaftlern nicht gelungen ist, diese Erfahrung neurophysiologisch zu erklären durch Sauerstoffmangel, als Halluzination oder durch Endorphinausschüttung, belegt den metaphysischen, spirituellen Charakter dieser universalen Erfahrung.
Sobald sich die betreffenden Menschen außerhalb ihres Körpers befinden, können sie nicht nur alles beobachten, was um sie herum geschieht, sondern sich auch in Gedankenschnelle überall auf der Welt oder im Universum hinbewegen. Die Beschreibung von Umständen, die weit außerhalb des Raumes sind, in dem die Nahtoderfahrung stattfindet – der Unfallort, das Krankenhaus –, belegt die Fortdauer des menschlichen Bewußtseins bzw. das, was wir Seele nennen als Träger dieses Bewußtseins. Damit deckt sich das Wissen, die Vorstellungen und Spekulationen aller religiösen Lehren mit dem sich heute ausbreitenden *Erfahrungswissen*. Verfügten die großen Religionen inklusive der Naturreligionen über geheime Einweihungspraktiken, die sogenannten Initiationen, beinhalteten diese stets eine Begegnung mit dem Tod. Erst wer schlußendlich die Angst vor der Auslöschung des Verstandes loslassen konnte, wurde Schamane, Priester, Eingeweihter. Auch die Mystiker wußten ob dieses Zustandes als *dunkle Nacht der Seele*.
Heute wären umfangreiche, langfristig andauernde Psychotherapien eine Möglichkeit, zu dem Wissen hinter dem Wissen durchzudringen. Bei 50 Millionen Menschen, die heute eine Nahtoderfahrung gemacht haben, vollzieht sich die Gewißheit in wenigen Minuten. Die Zunahme dieser spirituellen Transformationserfahrung ist eindeutig ein Indikator für die Notwendigkeit des Sich-Wiedererinnerns, das dem Bewußtseinswandel der Menschheit vorausgeht und zugrunde liegt. Es ist die Erfahrung des Göttlichen schlechthin, die den Menschen aus seinen Begren-

zungen herauskatapultiert. Die Nahtoderfahrung ist somit die direkteste Erfahrung eines Wissens über den Tod.
Die andere, die ebenfalls Millionen in aller Welt betrifft, ist die direkte Erfahrung von Menschen, daß sie schon einmal gelebt haben – die Reinkarnation. Die heutigen Möglichkeiten von Rückführungen und Reinkarnationstherapie haben Millionen ohne großen Zeitaufwand von tief sitzenden Traumata befreit; darüber hinaus ist eine Rückführung in frühere Leben immer auch an unterschiedliche, wiedererlebte Todeserfahrungen gekoppelt. Die Erfahrungen von Todeserlebnissen während vieler Rückführungen bestätigen das Erleben der Nahtoderfahrung. Der Frieden, die Schmerzfreiheit, das Schweben über dem Körper, die Begegnung mit dem Licht als bedingungslose Liebe, alle Elemente werden sozusagen wiedererinnert. Auch verlieren die Menschen mit Reinkarnationserfahrungen die Angst vor dem Tod. Durch Rückführungen und Reinkarnationstherapie gelangt der Mensch wie durch eine Nahtoderfahrung zu seiner eigenen inneren Quelle. Viele Suchende erfahren, daß die ewigen Wahrheiten im Inneren eines Menschen zu finden sind – jenseits traditioneller Glaubenssysteme, die bisher den Menschen vorgegeben haben, was sie glauben müssen. Das neue Bewußtsein, der globale Bewußtseinswandel am Ende des 20. Jahrhunderts hat auch mit der Lehre der Reinkarnation zu tun: Nicht nur nimmt das öffentliche Interesse an dem Thema zu, sondern es hat der amerikanische Professor und Psychiater Ian Stevenson mit wissenschaftlichen Methoden die Existenz der Reinkarnation nachgewiesen. Im Januar 1999 erschien sein Buch »Reinkarnationsbeweise« auch in Deutschland und verursachte beträchtliches Aufsehen. Gemäß der Idee der Reinkarnation ist jeder Mensch auf seinem geistigen Weg zurück in die ewige Heimat und somit für sich selbst verantwortlich. In dem Maße, wie dieses in das Bewußtsein von Millionen von Menschen ge-

langt, wird der traditionelle Kirchenglaube ins Wanken geraten: Das Denken über die Welt und von uns selbst wird revolutioniert.

Wie bei der Nahtoderfahrung liegt bei Rückführungen in frühere Leben der Schlüsselbegriff im »Wiedererinnern«, worin offensichtlich ein immenses Heilpotential erfahrbar wird. In der Erkenntnis des Ganzen liegt der Kern für die globale Veränderung hinsichtlich eines Neuen Zeitalters der Menschheitsgeschichte. Auch die häufigen Kontakte mit Verstorbenen sind trostspendend und verweisen den Betroffenen auf einen größeren geistigen Sinnzusammenhang. Sterbende mit Visionen erleben die Wiederbegegnung mit längst Verstorbenen und können dann in Frieden hinübergehen.

Was seriöse Wissenschaftler in den letzten 25 Jahren über ein Leben nach dem Tod in bezug auf Nahtoderfahrung und Reinkarnation vorgelegt haben, ist in seiner logischen Konsequenz durchaus der *Beweis*, daß es ein Leben nach dem Tod gibt. Die Konsequenzen, die sich aus diesem Wissen ergeben, sind es, die so viele noch an die alten und überholten wissenschaftlichen Paradigmen festhalten lassen: Es ist schlichtweg so, daß sich die gesamte Gesellschaft in ihrer heutigen erstarrten, einseitig materialistischen Grundausrichtung zu einer wesentlich menschlicheren Gesellschaft, die auch die Armen und Schwachen schützt und versorgt, verwandelt. Die Erkenntnis, daß alle Menschen ausnahmslos derselben göttlichen Quelle entsprungen sind und wir ein großes Ganzes bilden, in der jeder seinen Platz finden sollte, weil das kleinste Rädchen notwendig ist für das große Getriebe, führt automatisch zu mehr Eigenverantwortung, Gerechtigkeit, Menschlichkeit und Liebe. Solange der Mensch freilich in seiner Begrenztheit statt dessen die ihm nur zu vertraute Angst wählt, wird es Kriege, Ungerechtigkeit, Hunger, Leiden und Not geben. Ignoranz und Zweifel können besiegt werden: Wer das umfangreiche Material über den Tod heute vorurteilsfrei betrachtet, stößt immer wieder auf die bedingungslose Liebe, das Licht, das hinter allem steht. Es ist Zeit, aufzuwachen, weil die gestundete Zeit sichtbar wird am Horizont.

Nicht zuletzt liegt in den globalen Krisen, den Naturkatastrophen und ökonomischen Erschütterungen ein transformatives Potential, die Menschen wachzurütteln. Wenn wir aber die Angst endlich loslassen können, erfahren wir das Geborgensein in einer großen geistigen Quelle, die für alle offensteht. Denn jenseits der Angst steht nicht etwa die Auslöschung, sondern die große geistige Erneuerung.

Wir müssen lernen, wieder zu lieben, und das können wir, indem wir die Sterbenden nicht länger hinter anonyme Mauern verfrachten, sondern sie liebevoll entweder im Heim, im Krankenhaus, im Hospiz oder zu Hause begleiten. Es ist Elisabeth Kübler-Ross zu verdanken, daß wir heute die Wahl haben, *wo* wir sterben wollen. Seien wir achtsam und liebevoll mit anderen – jeden Tag! Dann brauchen auch wir, wenn der letzte Vorhang fällt, keine Angst zu haben, denn hinter dem Vorhang erstrahlt der Beginn des ewigen Lebens für jeden von uns.

Anhang

Begriffserläuterungen

Archetypus: Ausdruck von C. G. Jung, wonach bestimmte Urbilder, die sich aus den Erfahrungen unserer Vorfahren herleiten, im kollektiven Unterbewußten jedes Menschen aufbewahrt werden.

Bardo: Buddhistischer Begriff des Tibetischen Totenbuchs, welches das Leben zwischen Tod und Wiedergeburt meint.

Depression: Psychische Störung mit gedrückter, niedergeschlagener Stimmung; Niedergeschlagenheit, Verzagtheit.

Ego: Das »Ich«.

Endorphine: Körpereigene Droge.

Halluzination: Sinnestäuschung.

Hypnose: Durch Suggestion herbeigeführter schlafähnlicher Bewußtseinszustand.

Hypoxie: Sauerstoffmangel.

IANDS: International Association for Near-Death Studies.

Ich-Transzendenz: Die Grenzen des Ichs überschreiten; Bewußtseinserweiterung.

Interaktion: Wechselbeziehung zwischen Personen und Gruppen.

Intuition: Eingebung, ahnendes Erfassen, unmittelbare Erkenntnis ohne den Umweg über den Verstand.

Karma: Das den Menschen bestimmende Schicksal.

Koma: Zwischenzustand zwischen Leben und Tod.

Monotheismus: Glaube an einen Gott.

Mystik: Bestrebung, sich ganz in die göttliche Liebe zu versenken.

NTE: Abkürzung für Nahtoderfahrung.

OBE: »Out-of-body-Experience«, englischer Fachausdruck für außerkörperliche Erfahrung.

Objektiv: Real vorhanden, existiert unabhängig von einer Person in der Wirklichkeit.

paranormale Fähigkeiten: Begriff der Parapsychologie, der sich auf Erscheinungen und Wirkungen bezieht, die den Erwartungen der Physik widersprechen.

Paßwörter: Visionen von Sterbenden, die an die beiwohnenden Angehörigen weitergegeben werden.

Polytheismus: Glaube an viele Götter.

Psyche: Geist, Seele, Bewußtsein in der Fachsprache der Psychologie.

Psychedelische Sitzung: Form einer durch Halluzinogene (LSD) unterstützten Psychotherapie.

Psychose: Psychiatrischer Begriff für viele Formen psychischen Andersseins; auch Bezeichnung für Seelen-, Geisteskrankheit.

Regression: Hier: Form der Rückführungstherapie in frühere Leben.

Reinkarnation: Wiedergeburt.

Schamanismus: Heilungsritual eines Eingeweihten der Urvölker, das an langdauernde Rituale und magische Formeln gebunden ist.

Serotonin: Eine körpereigene Droge.

Subjektivität: Ein an eine Person gebundenes persönliches Erleben, persönliche Auffassung, Eigenart, Einseitigkeit.

Suizid: Selbstmord, Selbsttötung.

Synchronizität: Sogenannte »Zufälle«, die es nicht gibt; eine gleichzeitige Abfolge von Ereignissen.

Talmud: Heilige Schrift der Juden.

Telepathie: Gedankenübertragung.

Thanatologie: Tod- und Sterbeforschung.

Trance: Schlafähnlicher, bewußtseinserweiterter Zustand.

Transformation: Umwandlung, Veränderung.

Transzendent: Übersinnlich, übernatürlich.

Transzendenz: Das Überschreiten der Grenzen der Erfahrung, des Bewußtseins.

Vision: Subjektive geistige Schau, traumhafte oder religiöse Erscheinung.

Anmerkungen

1. Regina Faerber: »Der verdrängte Tod.« Genf 1995, S. 26.
2. Die Zitate stammen aus dem »Spiegel«, 22. 9. 1997, Nr. 39/97, S. 146–150.
3. Das Interview mit Franz Alt kann als Videokassette bezogen werden bei: Südwestfunk, Red. Zeitsprung, 76522 Baden-Baden.
4. Elisabeth Kübler-Ross: »Kinder und Tod.« Zürich 1984, S. 237 f.
5. Jean Ritchie: »Blicke ins Jenseits. Berichte von der Schwelle zum Tod.« Frankfurt a. M. 1997, S. 15.
6. Jean Ritchie, S. 233.
7. Jean Ritchie, S. 211.
8. Jean Ritchie, S. 191.
9. Jean Ritchie, S. 218.
10. Jean Ritchie, S. 74.
11. Melvin Morse/Paul Perry: »Verwandelt vom Licht. Über die transformierende Wirkung von Nahtoderfahrungen.« München 1994, S. 281 f.
12. Kenneth Ring: »Den Tod erfahren – das Leben gewinnen.« Bergisch Gladbach 1988, S. 55.
13. Kenneth Ring, S. 57.
14. Kenneth Ring, S. 61.
15. Kenneth Ring, S. 76 f.
16. Melvin Morse/Paul Perry: »Verwandelt vom Licht. Über die transformierende Wirkung von Nahtoderfahrungen.« München 1994, S. 13.

[17] Kenneth Ring: »Den Tod erfahren – das Leben gewinnen.« Bergisch Gladbach 1988, S. 75.
[18] Kenneth Ring, S. 99.
[19] Melvin Morse/Paul Perry: »Verwandelt vom Licht. Über die transformierende Wirkung von Nahtoderfahrungen.« München 1994, S. 132.
[20] Hubert Knoblauch: »Berichte aus dem Jenseits. Mythos und Realität der Nahtoderfahrung.« Freiburg 1999, S. 136.
[21] Hubert Knoblauch, S. 133.
[22] Hubert Knoblauch, S. 134.
[23] Hubert Knoblauch, S. 135.
[24] basierend auf einem Artikel aus »Esotera« 12/96, S. 16–21.
[25] Melvin Morse/Paul Perry, S. 133.
[26] Deepak Chopra: »Die unendliche Kraft in uns. Alle Kraft steckt in dir!« München 1998, S. 166f.
[27] Hubert Knoblauch, S. 135.
[28] Kenneth Ring/Evelyn Elsaesser-Valarino: »Im Angesicht des Lichts. Was wir aus Nah-Tod-Erfahrungen für das Leben gewinnen.« München 1999, S. 188ff.
[29] Kenneth Ring/Evelyn Elsaesser-Valarino, S. 294.
[30] Kenneth Ring/Evelyn Elsaesser-Valarino, S. 300.
[31] Osis/Haraldson: »Der Tod – ein neuer Anfang: Visionen und Erfahrungen an der Schwelle des Seins.« 2. Aufl. Darmstadt 1989, S. 93.
[32] Osis/Haraldson, S. 97.
[33] Regina Faerber: »Der verdrängte Tod.« Genf 1995, S. 41f.
[34] Melvin Morse/Paul Perry: »Zum Licht. Was wir von Kindern lernen können, die dem Tode nahe waren.« München 1994, S. 107.
[35] Elisabeth Kübler-Ross: »Kinder und Tod.« Zürich 1984, S. 235f.
[36] Raymond Moody: »Nachgedanken über das Leben nach dem Tod.« Hamburg 1987, S. 34ff.
[37] Angi Fenimore: »Jenseits der Finsternis.« München 1996, S. 125–134.
[38] George Ritchie/Elisabeth Sherrill: »Rückkehr von Morgen.« Marburg 1980, S. 50.
[39] George Ritchie/Elisabeth Sherrill, S. 52.
[40] Edith Fiore: »Besessenheit und Heilung. Die Befreiung der Seele.« Güllesheim 1997, S. 42.

⁴¹ James Redfield/Carol Adrienne: »Das Handbuch der zehnten Prophezeihung von Celestine.« München 1997, S. 211.
⁴² James Redfield: »Die zehnte Prophezeiung von Celestine.« München 1996, S. 174.
⁴³ esotera 5/98, S. 19 ff.
⁴⁴ esotera 5/98, S. 21–22.
⁴⁵ Malley Cox-Chapman: »Begegnungen im Himmel. Beweise für ein Leben nach dem Tod.« Berlin 1997, S. 72.
⁴⁶ esotera 5/98, S. 22.
⁴⁷ Maurice S. Rawlings: »Zur Hölle und zurück. Leben nach dem Tod – überraschende neue Beweise.« Hamburg 1996, S. 49 f.
⁴⁸ Engelbert J. Winkler: »Das Abendländische Totenbuch.« Hamburg 1996, S. 53 ff.
⁴⁹ C. G. Jung: Ges. Werke. Stuttgart 1963, S. 362.
⁵⁰ Sven Loerzer/ Monika Berger: »Berichte aus dem Jenseits. Vom Leben nach dem Tod.« Augsburg 1990, S. 86.
⁵¹ Stefan Högl: »Leben nach dem Tod? Menschen berichten von ihren Nahtoderfahrungen.« Rastatt 1998.
⁵² vgl. Högl, S. 108.
⁵³ vgl. Högl, S. 111.
⁵⁴ vgl. Högl, S. 110.
⁵⁵ vgl. Daniel 12, 1–3/Jes 11, 5–9.
⁵⁶ vgl. Mos 3, 1–6.
⁵⁷ »L'Osservatore Romano«, Nr. 45, 6.11.1998, dt. Ausgabe.
⁵⁸ siehe Mt 3, 16–17.
⁵⁹ siehe Mt 17, 1–8.
⁶⁰ Cherie Sutherland: »Tröstliche Begegnungen mit verstorbenen Kindern.« Bern 1998, S. 9.
⁶¹ Bill und Judy Guggenheim: »Trost aus dem Jenseits. Unerwartete Begegnungen mit Verstorbenen.« Bern 1997, S. 32.
⁶² Guggenheim, S. 54 f.
⁶³ Guggenheim, S. 66 f.
⁶⁴ Guggenheim, S. 76 f.
⁶⁵ Guggenheim, S. 85 f.
⁶⁶ esotera 10/97, S. 37.
⁶⁷ Guggenheim, S. 104.
⁶⁸ Elisabeth Kübler-Ross: »Das Rad des Lebens. Autobiographie.« München 1997, S. 217 f.

[69] Raymond Moody/Paul Perry: »Blick hinter den Spiegel. Botschaften aus der anderen Welt.« München 1994.
[70] Guggenheim, S. 110.
[71] Guggenheim, S. 117.
[72] Guggenheim, S. 126.
[73] Guggenheim, S. 203.
[74] Guggenheim, S. 301.
[75] Hartwig Hausdorf: »Rückkehr aus dem Jenseits.« Das geheimnisvolle Phänomen der Wiedergeburt.« München 1998, S. 187.
[76] Trutz Hardo: »Wiedergeburt. Die Beweise.« München 1998.
[77] Elisabeth Kübler-Ross: »Der Liebe Flügel entfalten.« Neuwied 1996, S. 49f.
[78] Helen Wambach: »Leben vor dem Leben.« München 1980, S. 102f.
[79] Helen Wambach, S. 124, 126, 143.
[80] Helen Wambach: »Seelenwanderung – Wiedergeburt durch Hypnose.« S. 151.
[81-85] Helen Wambach, S. 152.
[86] Joel L. Whitton/Joe Fisher: »Das Leben zwischen den Leben.« München 1989.
[87] Brian L. Weiss: »Heilung durch Reinkarnationstherapie. Ganzwerdung über die Erfahrung früherer Leben.« München 1995, S. 19.
[88] Brian L. Weiss: »Die Liebe kennt keine Zeit. Eine wahre Geschichte.« München 1999, S. 54f.
[89] Brian L. Weiss, S. 111.
[90] Brian L. Weiss, S. 168f.
[91] Brian L. Weiss: »Heilung durch Reinkarnationstherapie. Ganzwerdung über die Erfahrung früherer Leben.« München 1995, S. 66.
[92] Brian L. Weiss, S. 86.
[93] Brian L. Weiss, S. 89.
[94] Brian L. Weiss: »Die zahlreichen Leben der Seele. Die Chronik einer ungewöhnlichen Rückführungstherapie.« München 1994, S. 108f.
[95] Vgl. dazu: »Spiegel« 52/98.

Literatur

»Tod als Übergang in ein neues Leben«

Althea, Rosemary: »Sag ihnen, daß ich lebe.« Goldmann 1995
Ariès, Philippe: »Studien zur Geschichte des Todes im Abendland.« dtv 1981
–: »Geschichte des Todes.« dtv 1982
Brinkley, Dannion/ Perry, Paul: »Zurück ins Leben. Die wahre Geschichte des Mannes, der zweimal starb.« Knaur TB. 1994
Browne, Mary T.: »Jenseits der Schwelle. Erfahrungen einer Hellsichtigen mit Karma, Tod und dem Leben danach.« Knaur TB 1995
Cox-Chapman, Mally: »Begegnungen im Himmel. Beweise für ein Leben nach dem Tod.« Ullstein TB 1997
Eadie, Betty J.: »Licht am Ende des Lebens. Bericht einer außergewöhnlichen Nah-Todeserfahrung.« Knaur TB 1994
Elsaesser-Valarino, Evelyn: »Erfahrungen an der Schwelle des Todes. Wissenschaftler äußern sich zur Nahtodeserfahrung.« Ariston 1995
Faerber, Regina: »Der verdrängte Tod. Über die Kultur im Umgang mit unseren Toten. Geistige und praktische Hilfe.« Ariston 1995
Fenimore, Angi: »Jenseits der Finsternis. Eine Nahtoderfahrung, die in die Schattenwelt führte.« Knaur TB 1996
Fiore, Edith: »Besessenheit und Heilung. Die Befreiung der Seele.« Silberschnur 1997
Fuchs, Werner: »Todesbilder in der modernen Gesellschaft.« Suhrkamp TB 1973

Georgian, Linda: »Gespräche nach dem Tode. Trost und Hoffnung aus der anderen Welt.« Heyne TB 1997

Grof, Stanislav/Grof, Christina: »Jenseits des Todes. An den Toren des Bewußtseins.« Kösel 1984

Grof, Stanislav/Halifax, Joan: »Die Begegnung mit dem Tod.« Klett-Cotta 1994

Grof, Stanislav: »Kosmos und Psyche.« Krüger 1997

Guggenheim, Bill und Judy: »Trost aus dem Jenseits. Unerwartete Begegnungen mit Verstorbenen.« Scherz 1997

Kübler-Ross, Elisabeth: »Interviews mit Sterbenden.« Gütersloher Verlagshaus 1984

–: »Kinder und Tod.« Kreuz 1989

–: »Erfülltes Leben – würdiges Sterben.« Gütersloher Verlagshaus 1993

–: »Sterben lernen – Leben lernen. Fragen und Antworten.« Silberschnur 1993

–: »Über den Tod und das Leben danach.« Silberschnur 1994

–: »Der Liebe Flügel entfalten.« Silberschnur 1996

–: »Das Rad des Lebens. Autobiographie.« Delphi 1997

–: »Sehnsucht nach Hause.« Silberschnur 1997

–: »Warum wir hier sind.« Silberschnur 1999

Lorimer, David: »Die Ethik der Nah-Todeserfahrungen.« Insel 1993

Moody, Raymond: »Leben nach dem Tod.« Rowohlt 1977

–: »Das Licht von drüben.« Rowohlt 1989

–: »Leben vor dem Leben.« Rowohlt 1990

Morse, Melvin/Perry, Paul: »Zum Licht. Was wir von Kindern lernen können, die dem Tode nahe waren.« Knaur 1994

–: »Verwandelt vom Licht. Über die transformierende Wirkung von Nah-Todeserfahrungen.« Knaur 1994

Nuland, Sherwin B.: »Wie wir sterben.« Kindler 1994

Osis/Haraldson: »Der Tod ein neuer Anfang. (Jenseitsvisionen)« esotera TB.

Van Praagh, James: »Und der Himmel tat sich auf. Jenseitsbotschaften über die geistige Welt und das Leben nach dem Tode.« Arcana-Goldmann 1998

Ring, Kenneth: »Den Tod erfahren, das Leben gewinnen.« Bastei-Lübbe 1988

Ring, Kenneth/Elsaesser-Valarino, Evelyn: »Im Angesicht des Lichts. Was wir aus Nah-Tod-Erfahrungen für das Leben gewinnen.« Ariston 1999
Ritchie, Jean: »Blicke ins Jenseits. Berichte von der Schwelle zum Tod.« Bastei-Lübbe 1997
Roberts, Jane: »Individuum und Massenschicksal: Der Mensch als Urheber allen Umweltgeschehens.« Ariston 1988
Sabom, Michael: »Erinnerung an den Tod.« Goldmann 1984
Schäfer, Hildegard: »Dialog mit Claudius. Impulse aus einer anderen Welt.« Drei Eichenverlag 1992
Sutherland, Cherie: »Tröstliche Begegnung mit verstorbenen Kindern.« Scherz 1998
Williamson, Linda: »Kontakte mit der geistigen Welt.« Ullstein 1998
Winkler, Engelbert J.: »Das Abendländische Totenbuch. Der Tag an dem Elias starb.« Corona 1996

»Reinkarnation«

Bache, Christopher M.: »Das Buch von der Wiedergeburt.« Scherz 1995
Faßbender, Ursula: »Reinkarnation. Berichte aus einem früheren Leben.« Heyne 1988
Fisher, Joe: »Die ewige Wiederkehr.« Goldmann 1990
Gershom, Yonassan: »Kehren die Opfer des Holocaust wieder?« Verlag am Goetheanum 1997
Hausdorf, Hartwig: »Rückkehr aus dem Jenseits. Das geheimnisvolle Phänomen der Wiedergeburt.« Knaur 1997
Hardo, Trutz: »Entdecke deine früheren Leben.« Peter Erd Neuausgabe 1997
–: »Wiedergeburt. Die Beweise.« Peter Erd 1998
Mann, A. T.: »Das Wissen über Reinkarnation.« Zweitausendeins 1997
Michel, Peter: »Karma und Gnade. Die Synthese von christlicher Mystik und östlicher Weisheit.« Goldmann 1998
Miller, Sukie: »Nach dem Tod. Stationen einer Reise.« Deuticke 1998

Moody, Raymond A.: »Leben vor dem Leben.« Rowohlt 1990
Passian, Rudolf: »Wiedergeburt. Ein Leben oder viele?« Knaur 1985
Rohr, Wulfing von: »Karma und Reinkarnation. Einführung in die Spiritualität.« Econ 1996
–: »Licht in der Stille – unendlich und geheimnisvoll. Ein Stundenbuch über den Tod und das Leben.« Urania 1998
Stevenson, Ian: »Wiedergeburt. Kinder erinnern sich an frühere Erdenleben.« Aquamarin 1979
–: »Reinkarnationsbeweise.« Aquamarin 1999
Wambach, Helen: »Leben vor dem Leben.« Heyne 1980
–: »Seelenwanderung.« Goldmann 1984
Weiss, Brian L.: »Die zahlreichen Leben der Seele. Die Chronik einer ungewöhnlichen Rückführungstherapie.« Goldmann 1994
–: »Heilung durch Reinkarnationstherapie. Ganzwerdung über die Erfahrung früherer Leben.« Knaur 1995
–: »Die Liebe kennt keine Zeit. Eine wahre Geschichte.« Econ 1999
Whitton, Joel L./Fisher, Joe: »Das Leben zwischen den Leben.« Goldmann 1989
Wiesendanger, Harald: »Wiedergeburt. Herausforderung für das westliche Denken.« Fischer 1991
–: »Zurück in frühere Leben. Formen der Reinkarnationstherapie.« Ullstein 1995
Woitinas, Siegfried: »Von Leben zu Leben.« Urachaus 1997

Adressen, Telefonnummern, Infostellen

Die *International Association for Near-Death Studies* (IANDS) ist die weltweit wichtigste Organisation zur Verbreitung und Förderung der Nahtodforschung, der jeder beitreten kann. Die IANDS publiziert die vierteljährlich erscheinende Zeitschrift »The Journal of Near-Death Studies« und »Vital Signs«.
IANDS, P. O. Box 502, East Windsor Hill, CT 06028-0502, USA
Tel. (8 60) 5 28 51 44, Fax (8 60) 5 28 91 69
Homepage: http://www.iands.org

Deutschland – Österreich – Schweiz:

Schroeter-Kunhardt, Michael, Büro: Zentrum für Psychiatrie Weinsberg, 74184 Weinsberg,
Tel. 0 71 34/7 50, Fax 0 71 34/7 53 34

Wer mit den Folgen einer Nahtoderfahrung nicht fertig wird, findet kompetente Hilfe in der:

Fachklinik Heiligenfeld, Ewersdorfer Straße 4-6, 97688 Bad Kissingen,
Tel. 09 71/8 20 60

Bei diesen Hospiz-Dachverbänden erhalten Sie Adressen in Ihrem Regionalbereich:

Bundesarbeitsgemeinschaft Hospiz, Renkerstraße 45,
523565 Düren,
Tel. 0 24 21/59 94 72

Deutsche Hospizhilfe e.V., Reit 25, 21244 Buchholz,
Tel. 0 41 81/3 88 55

Einen kostenlosen Hospizführer aller Hospize in Deutschland kann man bei *Mundipharma* bestellen:
Info-Tel. 01 30/85 51 11

Selbsthilfegruppen:

Humanistischer Verband Deutschland (HvD), Abt. Patientenbegleitung, Wallstraße 61–65, 10179 Berlin,
Tel. 0 30/61 39 04 31

Internationale Gesellschaft für Sterbende und Lebensbeistand e. V. (IGSL), Im Rheinblick 16, 55411 Bingen,
Tel. 0 67 21/1 03 18

OMEGA Mit dem Sterben leben e.V., Ostberger Straße 78,
58239 Schwerte,
Tel. 0 23 04/4 31 23

Wer sich spezifisch für buddhistische Sterbebegleitung interessiert, wende sich bitte an die Rigpa Zentren von Sogyal Rinpoche. Hier erhalten Sie Auskünfte über die zahlreichen lokalen Kleingruppen:

Deutschland: Rigpa, Paul-Gerhardt-Allee 34, 81245 München,
Tel. 0 89 / 89 62 05 15

Schweiz: Rigpa, P. O. Box 253, CH- 8059 Zürich,
Tel. (01) 4 63 33 53

*Ausbildungs- und Trainingsprogramm für spirituellen Beistand,
c/o Rigpa e. V.,* Skalitzer Straße 82, 10997 Berlin,
Tel. 0 30/6 18 38 33

*Informationen über Nachtodkontakte, die im siebten Kapitel
behandelt werden, erhalten Sie bei der Internetadresse von:
Bill und Judy Guggenheim, The ADC Projekt,*
Homepage: http://www.after-death.com

Orientierungshilfe bei der Suche nach Reinkarnations-Therapeuten in Deutschland, Schweiz und Österreich findet man beim:

Psychologischer Informationsdienst (PSI), Dr. Harald Wiesendanger, Zollerwaldstraße 28, 69436 Schönbrunn-Allemühl

Deutsche Gesellschaft für Reinkarnationstherapie und esoterische Psychologie, Ainmillerstraße 35, 80801 München

*Einer der renommierten Rückführungs-Therapeuten unserer Zeit ist Dr. Brian L. Weiss. Er führt in den USA und auch international Seminare und Ausbildungsprogramme für Fachleute durch:
The Weiss Institute,* 6701 Sunset Drive, Suite 201, Miami, Florida 33143,
Tel. (3 05) 6 61-66 10, Fax (3 05) 6 61-53 11

Seminare oder Gespräche mit dem Autor, Bernard Jakoby, können unter folgender Telefonnummer vereinbart werden:
c/o Elke Röder 0 30/3 96 44 06

Bernard Jakoby
Auch Du lebst ewig
Gelesen von Bernard Jakoby

Antworten auf die älteste Frage der Menschheit

In einfühlsamer Weise vermittelt Bernard Jakoby dem Hörer, was mit uns geschieht, wenn wir sterben. Neben einem Überblick über die Erkenntnisse der Sterbeforschung und tiefen Einblicken in den Sinn des Lebens, erklärt der Autor anhand zahlreicher Beispiele die Erscheinungsformen von Nahtod-Erfahrungen, und unternimmt eine Phantasiereise mit dem Zuhörer, welche die Angst vor dem Tod zu nehmen vermag.

DIE LANGEN MÜLLER AUDIO-BOOKS

Besuchen Sie uns im Internet unter www.herbig.net

Danksagung

Ich danke Frau Dr. Elisabeth Kübler-Ross für ihren Mut, das Sterben und das Leben danach in das Bewußtsein von Millionen gebracht zu haben. Ohne ihren Einsatz für die Belange der Sterbenden wäre ein solches Buch nicht zustande gekommen.
Ich gedenke meiner Mutter, Hildegard Jakoby, die mir durch ihr Krebssterben den Weg wies, daß wir ewig leben. Die Gewißheit begleitet mich durch mein Leben, daß Liebe unsterblich ist!
Nicht zuletzt mein Dank an meine Freundin, Elke Röder, für die Geduld und zahllosen Stunden am Computer. Ohne Elke wäre dieses Buch nicht zustande gekommen.

Bernard Jakoby